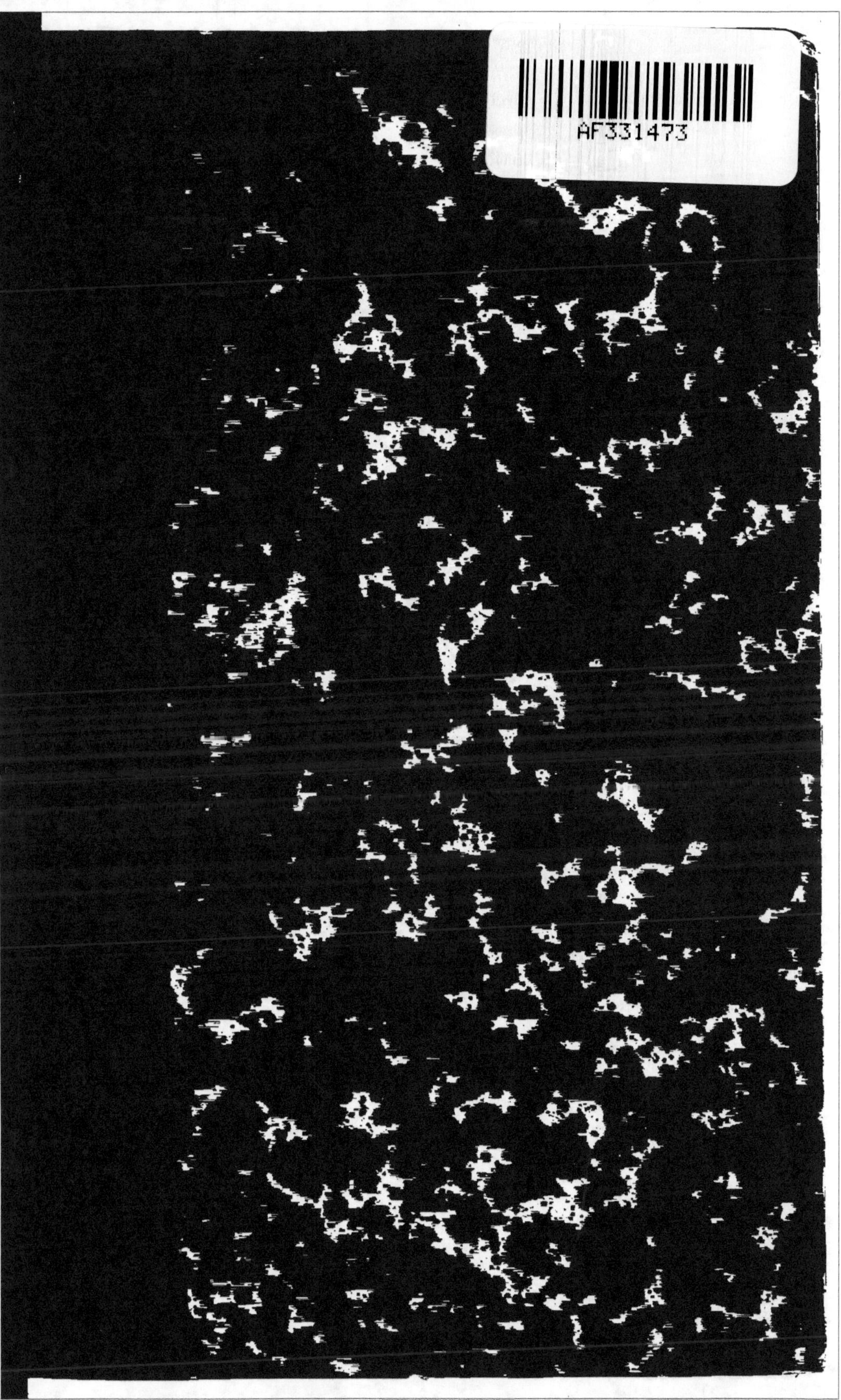
AF331473

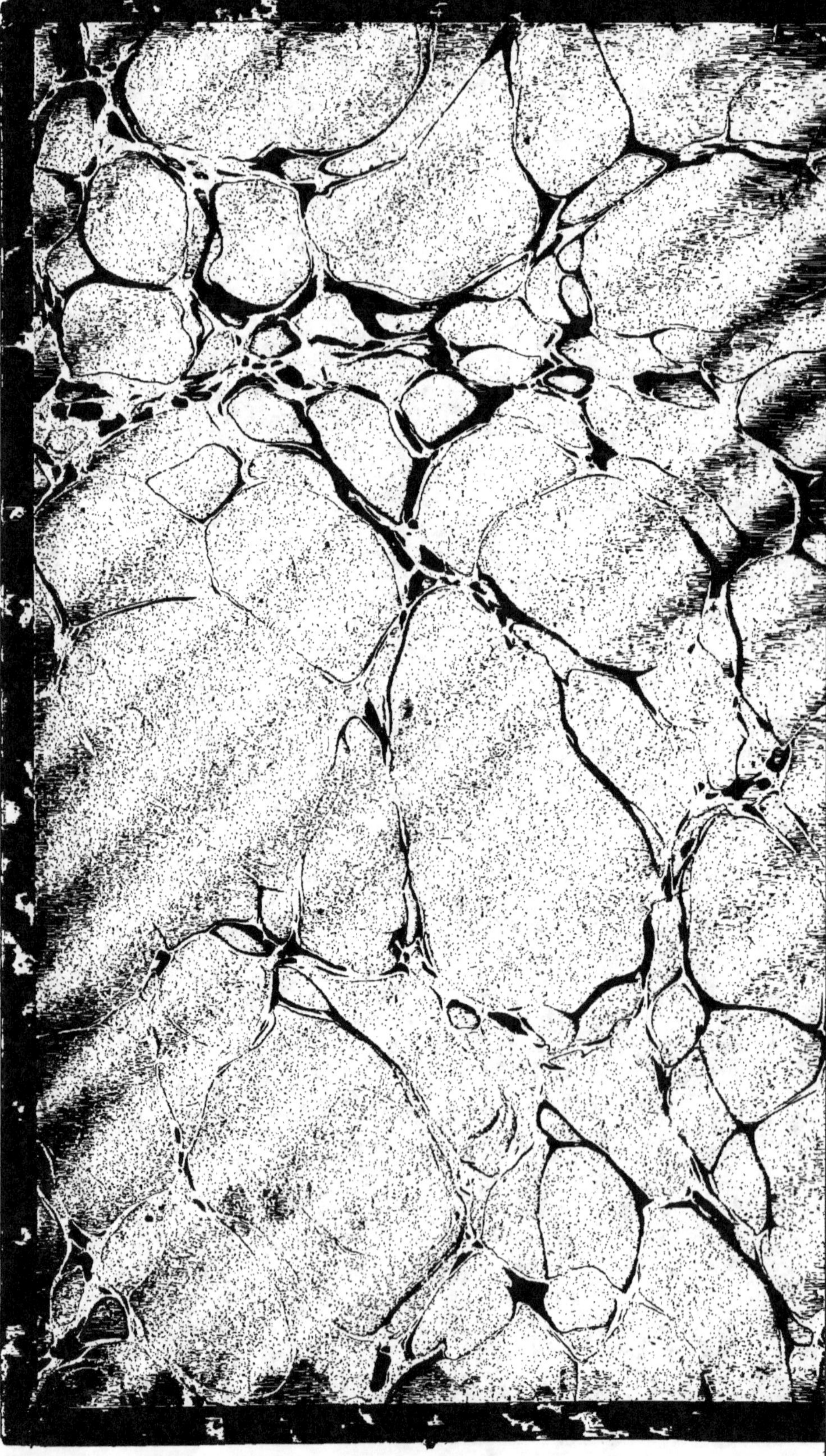

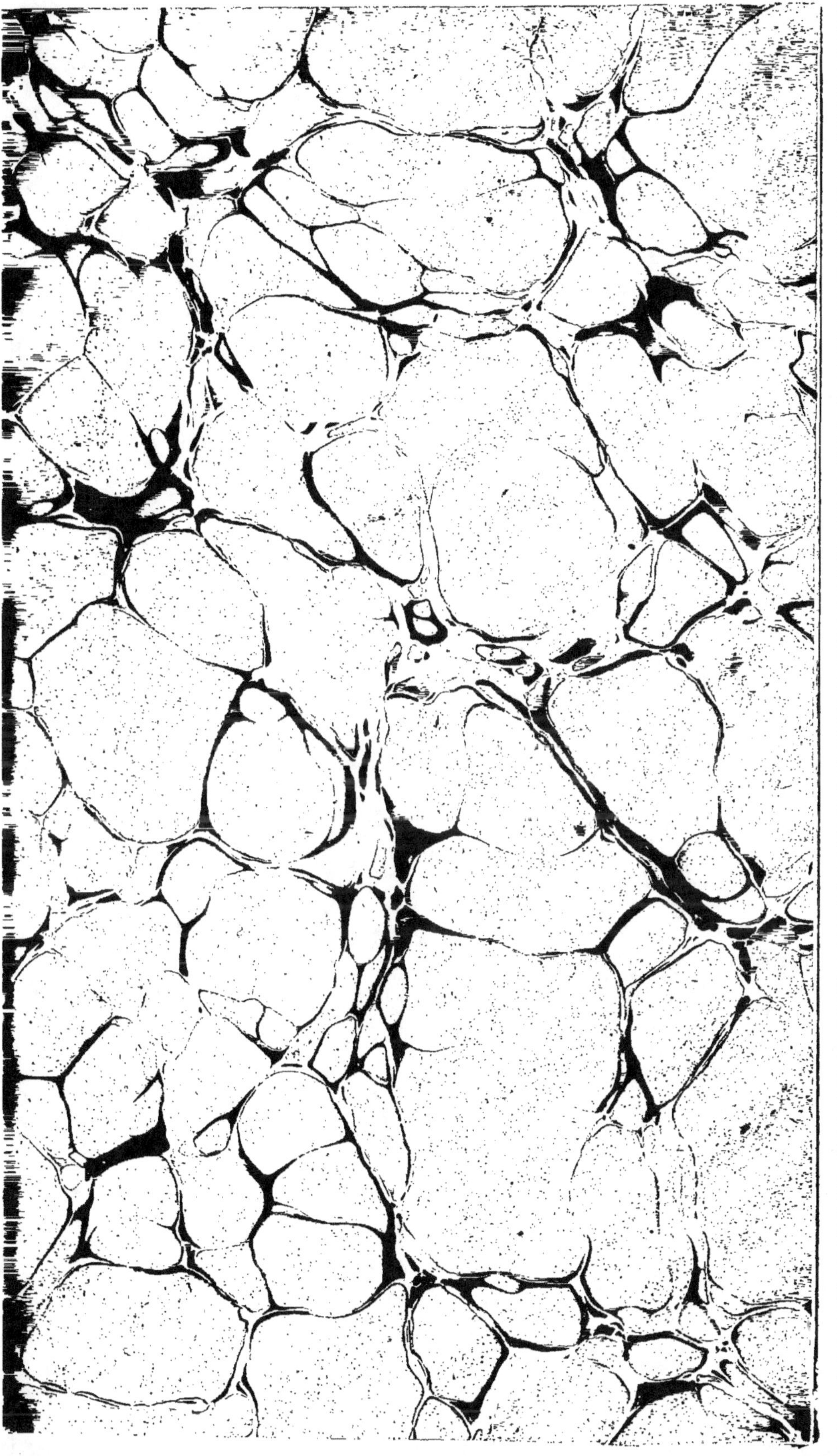

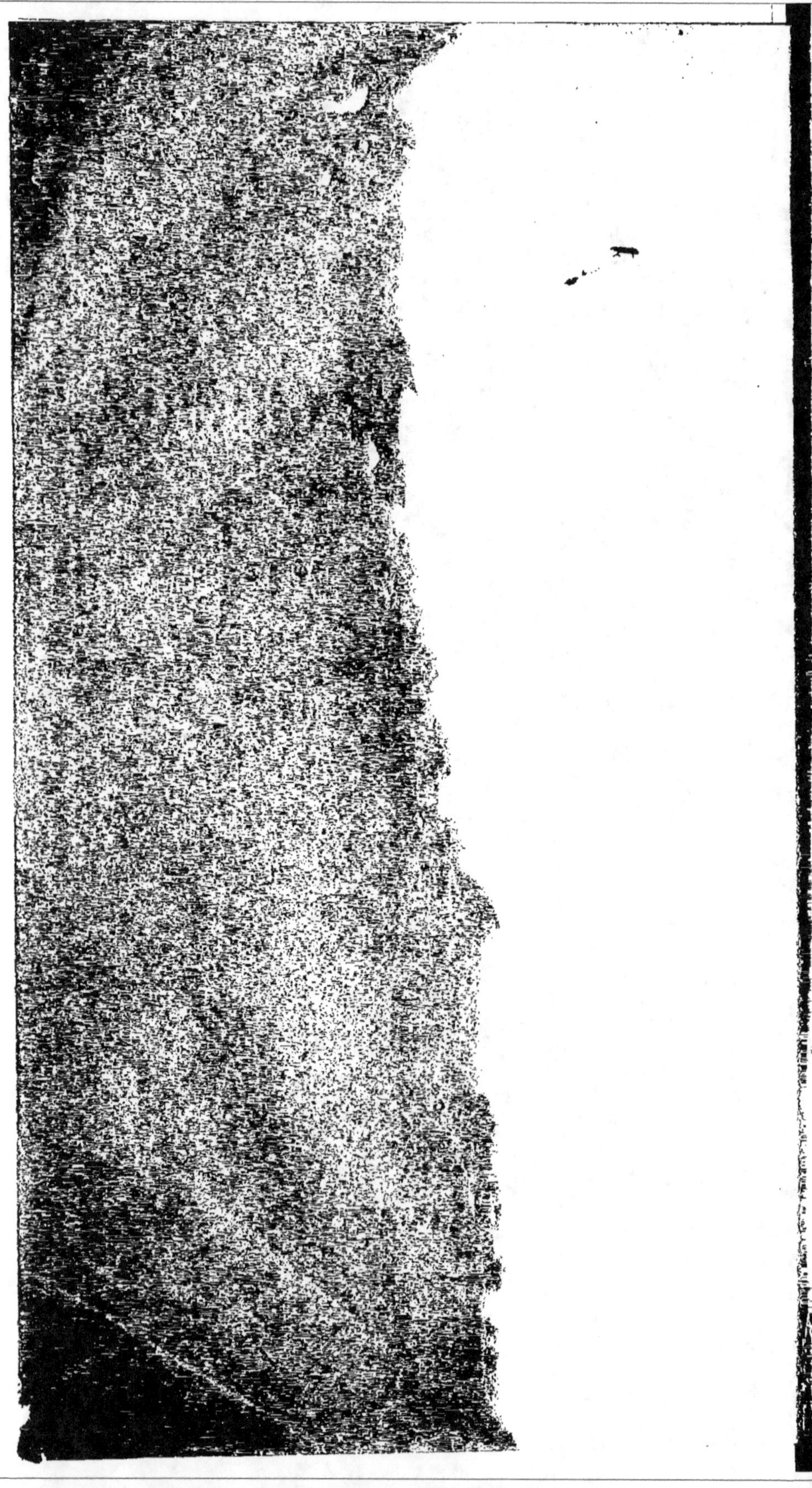

DE LA CONDITION LÉGALE

DES

SOCIÉTÉS ÉTRANGÈRES

EN FRANCE

Nancy, imprimerie de Sordoillet et fils, rue du Faubourg Stanislas, 3.

DE LA CONDITION LÉGALE

DES

SOCIÉTÉS ÉTRANGÈRES

EN FRANCE

ET DES RAPPORTS DE CES SOCIÉTÉS AVEC LEURS ACTIONNAIRES,

PORTEURS D'OBLIGATIONS ET AUTRES CRÉANCIERS

PAR

CH. LYON-CAEN

AGRÉGÉ A LA FACULTÉ DE DROIT DE NANCY

AVOCAT A LA COUR IMPÉRIALE

PARIS

COTILLON, LIBRAIRE DU CONSEIL D'ÉTAT

ÉDITEUR DE LA REVUE CRITIQUE DE LÉGISLATION ET DE JURISPRUDENCE

24, RUE SOUFFLOT, 24

1870

DE LA CONDITION LÉGALE

DES

SOCIÉTÉS ÉTRANGÈRES

EN FRANCE.

INTRODUCTION.

1. Nécessité de s'occuper de la condition légale des sociétés étrangères en France.

2. Questions principales à examiner.

3. Difficultés que présente la réglementation de cette matière pour le législateur.

4. Distinction de deux périodes dans la législation relative aux sociétés étrangères.

5. Division générale du sujet.

1. On s'est beaucoup occupé de tous temps de la condition des étrangers en France. De nombreux traités ont été composés pour fixer les droits dont ils ont la jouissance sur notre territoire et en même temps pour résoudre à leur occasion ces difficiles questions, connues sous le nom de conflits de lois,

dont l'examen a pour but notamment de préciser dans quels cas les étrangers sont régis par la loi française ou par la loi de leur pays, quand ils contractent en France.

Mais jusqu'ici, dans ces sortes d'études de droit international privé, l'attention des jurisconsultes ne s'est guère portée que sur les personnes étrangères proprement dites (personnes physiques). Cependant le développement du commerce et des relations entre les peuples a fait naître pour des personnes morales, pour les sociétés commerciales étrangères, des questions analogues à celles dont on ne s'occupait guère autrefois qu'à propos des étrangers. Pour ces sociétés aussi, il y a lieu de rechercher quels sont les droits dont elles jouissent en France et si elles sont soumises aux lois françaises ou aux lois de leurs pays, quand elles viennent opérer chez nous. Ces questions ont acquis aujourd'hui une importance pratique considérable : les commerçants français entrent de plus en plus en rapport avec les sociétés étrangères, grâce aux principes de libre échange ; les spéculateurs, attirés par les bénéfices qu'elles offrent, placent leurs fonds en obligations ou en actions étrangères. N'ont-ils pas tous le plus grand intérêt à savoir s'ils peuvent plaider en France avec ces sociétés et sous quels rapports les contrats qu'ils font avec elles sont régis par la loi française ou par la loi étrangère ?

Nous nous proposons précisément d'examiner cette partie du droit international privé, négligée jusqu'ici, en étudiant *la condition légale des sociétés étrangères en France*.

2. Les questions que présente ce sujet sont très-variées. Mais elles peuvent en définitive toutes se ramener à l'un des deux points principaux suivants :

1° Les sociétés valablement constituées à l'étranger (spécialement les sociétés anonymes) conservent-elles en France la qualité de personnes morales qu'elles ont dans leur pays ? Peuvent-elles y faire des opérations comme un commerçant étranger, peuvent-elles y plaider ? Ne faut-il pas, au contraire, pour qu'elles jouissent de ces droits, qu'elles aient reçu une autorisation du gouvernement français ?

2° Quand une société étrangère est investie du droit d'agir en France, doit-elle être soumise aux lois françaises ou bien à celles du pays où elle a son siége ?

3. La solution de ces questions offre au point de vue législatif, dans l'état actuel de nos lois sur les sociétés, des difficultés considérables. Les sociétés anonymes étant chez nous soumises soit à l'autori-

sation préalable du gouvernement, soit à une réglementation minutieuse [1], le législateur ne peut pas laisser les sociétés anonymes étrangères agir librement en France. Ce serait créer à nos sociétés françaises, qui ne vivent pas sous le régime de la liberté, une concurrence contre laquelle elles ne pourraient guère lutter. D'un autre côté, il serait dangereux pour notre commerce d'exiger des sociétés étrangères qui veulent opérer en France, qu'elles se soumettent à toutes les conditions imposées aux sociétés françaises. Ce serait fermer en réalité le marché français aux sociétés étrangères; et on pourrait craindre que, par une sorte de mesure de rétorsion, le marché étranger fût fermé à nos sociétés.

Nous rechercherons si le législateur a su éviter ces deux écueils ; et, après avoir constaté les vices de nos lois en cette matière, nous examinerons quelles seraient les réformes nécessaires pour y remédier. Mais, avant d'aborder ce côté purement législatif de notre étude, examinons dans leurs détails les dispositions des lois existantes.

4. Notre législation sur les sociétés étrangères a traversé deux périodes bien différentes. La première s'étend de la promulgation du code de com-

---

[1] L'art. 21 (loi du 24 juillet 1867) supprime en principe la nécessité de l'autorisation pour les sociétés anonymes ; mais cette loi la laisse subsister pour les sociétés d'assurances sur la vie. (art. 66.)

merce jusqu'à la loi du 3o mai 1857; la seconde comprend le temps écoulé depuis cette loi.

Dans la première période, nos lois ne contenaient aucune disposition expresse sur cette matière. Elle se trouvait réglementée exclusivement par la jurisprudence de nos tribunaux et par les usages administratifs.

La loi du 3o mai 1857 a, pour la première fois, posé des principes fixes. L'état de choses actuel diffère donc profondément de celui qui existait avant 1857. Il semblerait, par conséquent, que nous pourrions faire abstraction de la première période de notre législation, pour nous attacher seulement à l'examen de la loi en vigueur.

Mais, comme nous l'indiquerons (voy. n°s 15 et suiv.), la loi de 1857 a été provoquée par les graves inconvénients que présentait le système antérieur. Il est donc essentiel, pour bien fixer la portée et le sens de la loi du 3o mai 1857, de rechercher préalablement quelle était avant elle la situation des sociétés étrangères en France. Cela importe d'autant plus que, selon nous, il est des sociétés anonymes étrangères qui se trouvent encore aujourd'hui dans la situation où elles étaient toutes antérieurement à la loi nouvelle. (Voy. n°s 60 et suiv.)

5. Ces quelques idées générales suffiront pour

faire comprendre le plan que nous comptons suivre :

Chapitre premier. — Condition légale des sociétés étrangères en France avant la loi du 3o mai 1857.

Chapitre deuxième. — Condition légale des sociétés étrangères sous l'empire de la loi du 3o mai 1857.

Chapitre troisième. Conclusion. — Vices de la législation actuelle sur les sociétés étrangères. Réformes à y apporter.

CHAPITRE I.

6. Avant la loi du 30 mai 1857, il ne paraît pas qu'on ait jamais tenté d'empêcher *les sociétés en nom collectif ou en commandite* étrangères d'opérer en France en leur qualité de personnes morales Elles étaient donc certainement investies du droit d'exercer en France leur commerce et d'y plaider, comme tout étranger, contre des Français, soit en demandant (art. 15 C. N.), soit en défendant (art. 14 C. N.), et elles étaient légitimement représentées dans leurs procès par leurs gérants.

Cette reconnaissance en France de l'existence des sociétés étrangères en commandite ou en nom collectif se déduit logiquement du principe de droit international selon lequel les lois relatives à l'état et à la capacité des personnes suivent les nationaux même à l'étranger (art. 3 C. N.). La loi qui reconnaît l'existence et la personnalité des sociétés est une loi personnelle par excellence, puisqu'elle crée en quelque sorte la personne morale elle-même. C'est l'idée que développe M. Félix (Traité de Droit international privé ; n° 31, *édition Demangeat*), quand il dit : « Par suite des principes « que nous venons d'énoncer, les établissements

---

[1] Il n'en est pas tout à fait de même depuis la loi du 30 mai 1857 ; car cette loi exige qu'un décret soit rendu pour que *toute* société étrangère soumise à l'autorisation du gouvernement de son pays, puisse plaider en France et y exercer ses droits. Or, il y a des pays où *les sociétés en commandite par actions* sont assujéties à l'autorisation. (Voy. ci-dessous, n° 28.)

« publics ou personnes morales (*moralische per-*
« *sonen* d'après la dénomination allemande) jouis-
« sent en pays étrangers des mêmes droits qui leur
« appartiennent dans le pays où ils ont leur siége
« ou domicile. »

7. On a cependant soutenu, dans ces derniers
temps, une doctrine qui tendrait à faire refuser
l'existence à toutes les personnes morales (et par
conséquent à toutes les sociétés même en nom collectif ou en commandite) en dehors du pays dans
lequel elles ont été créées.

Cette théorie a été défendue par M. Laurens,
dans ses *Principes de Droit civil*, t. Ier. Il part de
l'idée que les personnes morales ne sont pas des
personnes véritables, qu'elles n'ont qu'une existence
fictive et que, par suite, le nombre et l'étendue de
leurs droits se déterminent par le but que le législateur a dû se proposer en les créant. Du moment
où un droit ne leur serait pas absolument nécessaire pour atteindre ce but, il devrait leur être
refusé. Ainsi, selon M. Laurens, les sociétés étrangères qui ont reçu du législateur de leur pays la
qualité de personnes morales, ne l'ont obtenue que
pour faire le commerce dans ce pays même. Elles
doivent donc être privées de toute espèce de droits
à l'étranger.

Ce système nouveau nous semble à la fois être
inexact en lui-même et conduire à un arbitraire
inévitable. Lorsque le législateur confère la per-

sonnalité à un établissement ou à une société, le sens le plus naturel de la concession nous paraît être que cette personne de création nouvelle aura tous les droits qui auraient pu appartenir à chacun des associés pris individuellement, en un mot qu'elle jouira de tous les droits dont jouit une personne ordinaire, lorsque le législateur ne lui en aura pas enlevé quelques-uns. (C'est ainsi que, par exemple, chez nous, les établissements d'utilité publique ne peuvent acquérir à titre gratuit qu'avec une autorisation de l'administration. Art. 910 C. N.).

L'opinion contraire conduit à l'arbitraire. On conçoit combien il est difficile parfois de déterminer d'une façon précise et certaine quel est le but dans lequel le législateur a créé une personne morale et surtout quels sont les droits dont la jouissance lui est indispensable pour atteindre ce but.

D'ailleurs, spécialement en ce qui touche les sociétés en nom collectif et en commandite, elles sont créées pour faire le commerce, et nous ne voyons aucun signe qui implique qu'il ne faut entendre par là que le commerce intérieur. Comme nous le dirons bientôt et comme on l'a fait déjà souvent observer, il y a des sociétés qui, sans les opérations qu'elles font avec des étrangers, ne pourraient pas vivre. Il serait bien singulier qu'en leur permettant d'exister, le législateur ait, par les restrictions apportées à leur liberté d'action, déposé en elles, pour ainsi dire, un germe de mort.

8. On ne rencontre cependant aucune décision judiciaire qui ait expressément consacré cette existence légale en France des sociétés étrangères en nom collectif et en commandite. Leur absence provient précisément de ce que leur droit d'agir en France n'a jamais été mis en doute.

Mais l'administration a eu plusieurs fois l'occasion de reconnaître cette doctrine. En 1820, notamment, le Ministre de l'Intérieur déclarait qu'une société anglaise (*le Phénix*) ne pouvait pas opérer en France sous une dénomination tirée de son objet (ce qui est l'un des caractères de la société anonyme), mais bien sous une raison de commerce contenant des noms d'associés (ce qui est l'un des caractères des sociétés en nom collectif et en commandite). Art. 20 et 23 C. de Com.

8 *bis*. Il en fut bien différemment des sociétés anonymes. Dès les premières années qui suivirent la promulgation du code de commerce, on contesta aux *sociétés anonymes étrangères* le droit d'exercer en France leur commerce ou d'y plaider, en soutenant qu'elles cessaient pour ainsi dire d'exister à la frontière française, si elles n'avaient pas reçu de notre gouvernement une autorisation spéciale, tout comme les sociétés anonymes constituées en France (art. 37 C. de Com.).

L'administration et la jurisprudence tranchèrent cette délicate question en sens opposés. La première refusa, dans toutes les occasions où elle eut à se prononcer, de reconnaître en France l'existence des sociétés anonymes étrangères. La seconde, au contraire, paraît avoir toujours admis qu'elles conservaient en France leur existence et leur personnalité, en leur permettant de plaider par l'intermédiaire de leurs administrateurs.

Avant de faire l'historique des principales décisions rendues sur la question jusqu'en 1857, recherchons quelle était, en l'absence de textes formels, la doctrine conforme aux principes du droit international privé. Cette question offre encore, comme nous l'avons déjà indiqué plus haut (n° 4), un véritable intérêt pratique. Car, il y a des sociétés anonymes étrangères qui restent régies en France par les mêmes règles qu'avant 1857 (voy. n° 60 et suiv.).

9. Quelques jurisconsultes [1] prétendent que, d'après les principes purs du droit international (et par conséquent avant 1857, dans le silence de nos lois), les sociétés anonymes étrangères constituées légalement dans leur pays devaient être capables d'opérer et de plaider en France sans aucune autorisation du gouvernement français. Pour eux, la

---

[1] Voy. conclusions de M. Oscar de Vallée (Dalloz, *Rec. périod.*, 1864, p. 185 et suiv. 2me partie); — Vavasseur, *Traité des Sociétés par actions*, n° 373; — Alauzet, n° 628, *Commentaire du code de commerce*, t. Ier, 2me édition.

difficulté se résout par une règle élémentaire. La loi étrangère, disent-ils, qui donne en quelque sorte la vie aux sociétés anonymes est une loi personnelle. Ces sociétés ont une existence légale dans leur pays, puisqu'elles ont été autorisées par leur gouvernement ; elles doivent, par cela même, pouvoir agir en France. Si on les assujétissait en outre à l'autorisation du gouvernement français, on violerait le principe du droit international qui fait suivre les nationaux par leurs lois personnelles même en dehors de leur pays. C'est assurément là un principe qu'on n'a jamais refusé d'appliquer aux personnes morales comme aux personnes physiques. Ce qui le prouve, c'est qu'on a toujours été unanime pour reconnaître le droit d'agir en France aux sociétés en commandite et en nom collectif. Bien plus, le conseil d'Etat, dans un avis du 12 janvier 1854, a déclaré que tout établissement d'utilité publique étranger constitue en France une personne civile et peut, comme telle, recevoir des dons et legs de biens meubles ou immeubles situés en France [1]. Or, quel motif y a-t-il de faire une distinction entre les établissements d'utilité publique étrangers et les sociétés anonymes étrangères ?

L'intérêt du commerce français lui-même serait

---

[1] V. cet avis du conseil d'Etat dans l'*École des communes,* 1854, p. 30.

compromis par la doctrine opposée. La chambre de commerce de Valenciennes l'indiquait clairement dans une lettre écrite au Ministre du Commerce le 20 décembre 1850. Elle observait que, si l'on refusait aux sociétés anonymes étrangères le droit d'opérer en France sans autorisation du gouvernement français, par représailles, dans les pays étrangers, on soumettrait nos sociétés anonymes aux mêmes restrictions. « Et alors », ajoutait cette Chambre de commerce, « si les marchés étrangers « leur sont fermés, si elles sont condamnées à cir- « conscrire le cercle de leurs affaires à l'intérieur, « mieux vaudrait déchirer la loi qui les institue. »

D'ailleurs, on a fait remarquer que l'art. 37 du code de commerce, qui établit le principe de l'autorisation préalable, ne pouvait pas avoir songé aux sociétés anonymes étrangères. S'il y avait pensé pour faire dépendre leur existence en France de cette autorisation, il en aurait fait en réalité des sociétés anonymes françaises. Car qui aurait créé l'être moral? La loi française. Et que resterait-il d'étranger dans la société? Des individus qui ne sont rien sans l'être moral [1].

Enfin, on ajoutait qu'on pourrait reprocher au système opposé de se mettre en contradiction complète avec l'esprit général de nos lois sur les étran-

---

[1] Voy. les remarquables conclusions de M. Oscar de Vallée, *Recueil périod.*, Dall., 1864, pag. 185 et suiv., 2ᵐᵉ partie.

gers. Elles se montrent si libérales à leur égard
qu'elles leur concèdent presque tous les droits privés qui appartiennent aux Français, et elles auraient refusé aux sociétés anonymes étrangères
l'existence elle-même !

10. Nous ne croyons point que telle fut la règle
à suivre. Selon nous, avant 1857, l'autorisation
du gouvernement français était indispensable aux
sociétés anonymes étrangères pour qu'elles pussent
agir et opérer en France en leur qualité de personnes morales [1]. En le décidant ainsi, loin de
méconnaître le principe de droit international selon lequel les lois personnelles suivent les étrangers
en France, nous pensons en faire une saine application. Ce principe régit sans doute les personnes
morales comme les individus. Et, comme nous
l'avons reconnu, il en résulte que les sociétés étrangères ont en règle générale en France la personnalité que leur a conférée la loi de leur pays.
(Voy. n°s 6 et 7.)

Mais ce principe ne saurait avoir à l'égard des

[1] Telle est l'opinion de M. Duvergier (*Collection des Lois,*
1857, p. 112, note 1), de M. Demangeat (*Appendice au Tome Ier*,
p. 288, Traité de Droit commercial de Bravard-Veyrières) C'est
aussi celle à laquelle paraît se ranger le rapporteur au Corps
législatif de la loi du 30 mai 1857, M. Bertrand. Car ce dernier
qualifie d'interprétation *plus rigoureuse qu'exacte* le système
de la jurisprudence qui, avant 1857, permettait à toutes les
sociétés étrangères d'agir en France sans autorisation.

personnes morales une étendue qu'il n'a certainement pas à l'égard des personnes ordinaires.

En ce qui concerne les personnes étrangères proprement dites, les lois de leur pays cessent de pouvoir les régir en France, dès l'instant qu'elles se
trouvent en conflit avec des lois d'ordre public
françaises. Car les lois d'ordre public obligent
même les étrangers (art. 3 C. N.)[1]. Rien ne s'oppose donc, comme nous l'avons dit plus haut, à ce
que les sociétés en nom collectif étrangères puissent
agir en France. Mais on ne doit pas reconnaître
de plein droit en France l'existence d'une personne morale créée à l'étranger toutes les fois
que cette reconnaissance empêcherait l'application
d'une loi d'ordre public. Or, c'est précisément là
qu'on en serait arrivé si l'on avait admis sans autre
condition que l'autorisation du gouvernement
étranger l'existence et la capacité des sociétés anonymes en France. Il suffit, pour s'en convaincre,

---

[1] Le principe d'après lequel nos lois doivent prévaloir sur les
lois personnelles des étrangers, dès l'instant que ce sont des lois
d'ordre public, est incontesté en lui-même. Mais son application
offre de très-grandes difficultés. Car souvent il est très-difficile
de déterminer exactement si une loi française est véritablement
une loi d'ordre public. C'est ainsi notamment qu'on discute encore sur le point de savoir si la loi de 1816 qui a supprimé le
divorce est une loi d'ordre public, de telle sorte qu'un Français
ne pourrait pas épouser une étrangère légalement divorcée, en
vertu des lois de son pays, avant le décès de son premier mari.

de se référer aux motifs qui avaient déterminé les rédacteurs du code de commerce à soumettre les sociétés anonymes à l'autorisation du gouvernement.

Cambacérès les résumait très-bien quand il disait [1] : « *L'ordre public est intéressé dans toute so-* « *ciété qui se forme par actions*, parce que, trop « souvent, ces entreprises ne sont qu'un piége « tendu à la crédulité des citoyens. Point de doute « qu'une société qui travaille sur ses propres fonds « n'ait pas besoin d'autorisation ; mais si elle « forme ses fonds par des actions émises sur la « place, il faut bien que l'autorité supérieure exa- « mine la valeur de ses effets, et n'en permette le « cours que lorsqu'elle est bien convaincue qu'ils « ne cachent pas de surprise. » La loi qui soumettait les sociétés anonymes à l'autorisation du gouvernement était donc bien une de ces lois de sûreté ou d'ordre public qui obligent en France les étrangers comme les nationaux, alors même qu'elles ne sont pas conformes à leurs lois personnelles (art. 3 C. N.)[2].

Mais on pourrait être tenté d'objecter que les sociétés anonymes étant dans la plupart des pays assujéties à l'autorisation [1], celle du gouvernement du pays où la société a son siége devait être pour

---

[1] Voy. séance du conseil d'Etat du 15 janvier 1807 (Locré, t. XVII).

[2] C'est bien là la raison qu'invoquait en 1849 la cour de cas-

nos nationaux une garantie suffisante. Cette objection n'est nullement décisive.

Les gouvernements étrangers peuvent se montrer trop faciles dans la concession des autorisations, et on aurait pu redouter que, ces autorisations étant accordées à la légère, des sociétés étrangères n'ayant pas d'existence sérieuse vinssent, en opérant en France, engloutir une grande quantité de capitaux français.

Ce n'est pas seulement aux individus se mettant en rapport avec les sociétés étrangères que le système opposé aurait pu causer le préjudice le plus grave, c'est encore aux sociétés anonymes françaises. Il leur aurait fait une position moins avan-

sation belge, pour refuser aux sociétés anonymes françaises le droit de plaider en Belgique, quand elle disait : « Attendu que, « d'après les meilleurs publicistes, cette extension du statut « personnel n'est pas admise toutes les fois que l'application « de la loi étrangère dans un Etat serait de nature à compro- « mettre la tranquillité intérieure, l'ordre public. »

[1] En Angleterre, depuis 1856, sans aucune autorisation, à la charge seulement de l'enregistrement des statuts, on peut fonder des sociétés dans lesquelles la responsabilité des associés est limitée à leur apport. Ces sociétés portent le nom de *Joint stock companies limited* (v. n° 20). Dans le grand-duché de Bade, les seules sociétés anonymes assujéties à l'autorisation préalable du gouvernement sont celles qui ont pour objet des affaires de banque et de crédit, d'assurances d'objets mobiliers et immobiliers, ou d'assurances sur la vie ou de contrat de rente viagère (art. 32, loi du 6 août 1862).

tageuse qu'aux sociétés étrangères, à raison de la facilité que parfois celles-ci auraient eue pour s'établir dans leurs pays.

Quant à l'avis du conseil d'Etat du 12 janvier 1854, qui reconnaît l'existence en France des établissements d'utilité publique étrangers, il ne nous semble pas complétement inconciliable avec notre doctrine. Nous avons dit que, selon nous, les personnes morales étrangères conservaient leur existence en France, à moins que cela pût être contraire aux principes de notre ordre public. Or, ces établissements n'offrent certes pas, pour les épargnes de nos nationaux, les mêmes dangers que les sociétés anonymes. En définitive, la seule crainte sérieuse qu'on puisse avoir à leur égard, c'est qu'ils fassent en France des acquisitions importantes et qu'ainsi une grande quantité de biens soient frappés d'immobilité. L'avis du conseil d'Etat indique très-justement lui-même la raison décisive qui doit faire écarter toute crainte de ce genre. Car, il déclare que l'application des dispositions de l'art. 910 C. Nap. ne saurait dépendre de la nationalité de l'établissement auquel une libéralité est faite, et qu'en conséquence les dons et legs faits au profit d'établissements publics étrangers ne peuvent avoir d'effet qu'autant qu'ils ont été autorisés par le gouvernement français [1].

[1] V. sur l'avis du conseil d'Etat du 12 janvier 1854 un ar-

11. Le refus qu'on devait faire avant 1857 à toutes les sociétés anonymes étrangères du droit d'agir et d'opérer en France ne pouvait pas toutefois conduire à des conséquences extrêmes. En définitive, ces sociétés se trouvaient dans une situation tout à fait analogue à celle des sociétés anonymes françaises non autorisées. Or, si ces sociétés n'exis-

ticle de M. Serrigny, dans la *Revue critique de législation* (tome IV). — Il faut remarquer que la législation prussienne adopte la même solution que cet avis du conseil d'Etat a consacrée en France. Mais elle va plus loin. Car elle exige une autorisation du gouvernement pour les acquisitions d'immeubles que peuvent faire en Prusse les sociétés anonymes étrangères de commerce ou même les sociétés en commandite ou en nom collectif. En ce dernier point, les lois prussiennes méconnaissent les principes de droit international posés ci-dessus (n° 6). Voici les textes de lois prussiennes qui contiennent ces dispositions :

L. 4 mai 1846. — (§-1) Ausländische Korporationen und andere juristische Personen des Auslandes können Grundeigenthum innerhalb unserer Staaten nur mit unserer Genehmigung erwerben. — (Les corporations étrangères et les *autres personnes morales étrangères* ne peuvent acquérir d'immeubles dans nos Etats qu'avec notre autorisation.)

Un commentateur des lois prussiennes (Weinhagen-Recht der Aktiengesellchaften, S. 143) fait observer que, dans la pratique, on étend cette disposition à toutes les sociétés par actions étrangères et qu'on pourrait aussi justement l'appliquer aux sociétés en nom collectif et en commandite. (Die Praxis dehnt diese Bestimmung auf alle Aktien-Gesellschaften des Auslandes aus. Mit demselben Rechte könnte man das Gesetz auf ausländische kollektiv- und kommandit-Gesellschaften anwenden.)

·taient pas comme *sociétés de droit*, on reconnaissait, du moins en général, qu'on ne devait pas faire abstraction complète de leur existence et qu'elles devaient être traitées comme des *sociétés de fait*. Il n'y avait pas de raison pour ne pas traiter de la même manière les sociétés anonymes étrangères non autorisées en France.

12. Par quelles règles sont régies ces sociétés de fait ? Sous quels rapports diffèrent-elles des véritables sociétés ? Ce sont là des questions très-délicates que nous examinerons en détail à propos de la loi du 30 mai 1857 (voy. n°s 63 et suiv.). Bornons-nous à dire pour le moment que, selon nous, les sociétés anonymes étrangères non autorisées ne pouvaient pas introduire de demandes en justice, mais rien ne les empêchait de plaider comme défenderesses devant nos tribunaux. Il serait en effet de la dernière iniquité qu'une société pût arguer de son irrégularité pour se soustraire à l'exécution de ses obligations.

13. L'administration, comme nous l'avons indiqué plus haut (n° 8), a toujours maintenu, depuis la promulgation du code de commerce jusqu'à la loi de 1857, la nécessité de son autorisation pour les sociétés anonymes étrangères. Les Ministres de l'Intérieur et du Commerce ont eu des occasions fréquentes de manifester et d'appliquer leur doctrine sur ce point.

Dès 1815, une société anglaise d'assurances contre l'incendie (*le Phénix*) se présentait au Ministre de l'Intérieur pour faire des opérations en France. Celui-ci lui déclara que si elle voulait les faire *comme société anonyme*, il y avait lieu d'y mettre obstacle [1]. En 1820, cette même compagnie ayant fait une concurrence préjudiciable à la compagnie française du même nom, le Ministre de l'Intérieur ordonna de s'opposer à toute apposition de plaques portant le nom de la compagnie anglaise.

Des décisions analogues furent rendues en 1833 et 1836. En 1837, la ville de Lyon avait conclu un projet de traité pour l'éclairage au gaz avec la Société impériale continentale établie à Londres. Le maire de cette ville demanda au Ministre de l'Intérieur si cette compagnie était autorisée en France, et, dans le cas où elle ne le serait pas, si le projet de traité serait néanmoins approuvé. Il fut répondu que, cette société n'étant pas autorisée, la ville de Lyon ne pouvait pas faire avec elle un

---

[1] Il ajoutait seulement qu'au contraire, si elle se présentait sous le nom d'actionnaires ou de directeurs intéressés, il n'y avait là qu'une affaire de commerce ordinaire pour laquelle l'autorisation était inutile. — Cette réponse consacre bien la distinction adoptée par nous entre les sociétés en nom collectif ou en commandite et les sociétés anonymes étrangères (**V.** ci-dessus n°⁸ 6 et suiv.).

traité, dont l'approbation ne serait pas possible [1].

14. Alors que l'administration maintenait rigoureusement le principe de l'autorisation préalable, les tribunaux français reconnaissaient l'existence légale des sociétés anonymes étrangères en les laissant plaider devant eux. La jurisprudence n'a pas varié sur ce point [2].

Les défendeurs français ne paraissent jamais avoir contesté le droit des sociétés anonymes étrangères d'agir en justice. Mais, d'un autre côté, jamais nos tribunaux ne se sont déclarés incompétents. Leur abstention à cet égard prouve manifestement qu'ils reconnaissaient l'existence légale des sociétés anonymes étrangères. Car, s'ils ne l'avaient point admise, leur incompétence eût été d'ordre public (voy. n° 10), et ils auraient dû la déclarer même d'office (art. 170 C. de Pr. civ. analog.).

15. Si aucune difficulté ne s'est, jusqu'en 1857, présentée devant nos tribunaux relativement à l'existence légale des sociétés anonymes étrangères,

[1] Voy. pour de plus amples détails sur les décisions administratives le rapport présenté au Corps législatif sur la loi du 30 mai 1857. (Dalloz, 1857, 4me partie, p. 76 et suiv.)

[2] C'est ce que constate le rapport fait sur la loi belge du 14 mars 1855 à la chambre des députés (voy. le texte de cette loi sous le n° 15), en disant : « Toutes les sociétés étrangères « sont admises en ce pays (en France) à faire valoir leurs droits « en justice. »

il n'en a pas été de même en Belgique, bien que ce pays soit régi par notre code de commerce. Les tribunaux inférieurs y avaient rendu des décisions en sens divers[1]. La cour de cassation de Belgique, après quelques variations, refusa définitivement, dans un arrêt rendu en 1847 toutes chambres réunies[2], aux sociétés anonymes françaises non pourvues d'autorisation en Belgique, le droit d'agir devant les tribunaux belges, parce qu'elles n'y avaient pas d'existence légale[3].

Cette jurisprudence émut vivement l'opinion publique en France. Les Chambres de commerce, effrayées des conséquences qu'elle pouvait avoir pour le commerce français, en relation continuelle avec la Belgique, prièrent le gouvernement d'intervenir pour régler d'une manière générale avec le

---

[1] Voy. notamment un jugement du tribunal civil de Gand du 20 juillet 1846 (Dalloz, IIIe partie, pag. 68), qui reconnaît l'existence des sociétés anonymes françaises en Belgique, et en sens contraire une décision du juge de paix de Mons du 25 novembre 1845 (Dall. 1847, IIIe partie, p. 68) et un jugement du tribunal civil de Namur du 10 juin 1846.

[2] Voy. arrêt de la cour de cassation de Belgique du 22 juillet 1847 (Dalloz, 1847, II, pag. 172).

[3] C'est du reste là aussi la doctrine que paraît avoir admise antérieurement le gouvernement belge. Car, en 1844, le directeur de la Compagnie française d'Assurances générales avertit le Ministre du Commerce qu'elle venait d'être exclue de Belgique, où pourtant elle faisait des opérations depuis dix ans.

gouvernement belge la situation légale des sociétés anonymes dans les deux pays. Les Belges, de leur côté craignant des représailles, firent la même demande à leur gouvernement.

Ces réclamations amenèrent entre la France et la Belgique une convention annexée au traité de commerce du 27 février 1854. D'après cette convention, le gouvernement belge s'engageait à présenter aux Chambres une loi ayant pour but d'habiliter les sociétés anonymes légalement constituées en France à exercer en Belgique tous leurs droits, à la charge seulement de réciprocité de la part de la France. C'est en exécution de cette convention que fut promulguée la loi belge du 14 mars 1855. Elle contient relativement aux sociétés anonymes françaises les dispositions suivantes :

Loi relative à la réciprocité internationale en matière de sociétés anonymes.

« ART. 1er. Les sociétés anonymes et autres as-
« sociations, commerciales, industrielles ou finan-
« cières, qui sont soumises à l'autorisation du gou-
« vernement français, et qui l'auront obtenue,
« pourront exercer leurs droits et ester en justice
« en Belgique en se conformant aux lois du
« royaume toutes les fois que les sociétés ou asso-

« ciations légalement établies en Belgique jouiront
« des mêmes droits en France.

. . . .

« Art. 3. Cette réciprocité sera constatée soit
« par les traités, soit par la production des lois ou
« actes propres à en établir l'existence. »

En présence de cette loi, nos sociétés anonymes
crurent pouvoir agir en Belgique en toute sécurité.
Elles pensaient n'avoir à fournir d'autre preuve
de la réciprocité à laquelle leur droit était soumis,
que la jurisprudence française invariablement favorable aux sociétés anonymes belges. Mais les
tribunaux de Belgique ne l'entendirent point ainsi.
Ils observèrent que la jurisprudence française pouvait changer et que la loi n'avait pas entendu fonder sur une réciprocité aussi mobile la situation
légale des sociétés anonymes dans les deux pays.
Cette déclaration fit apercevoir au gouvernement
français la nécessité de présenter au Corps législatif
un projet de loi destiné à fixer la situation en
France des sociétés belges et des sociétés étrangères
en général. Ce projet est devenu la loi du 3o
mai 1857, qui nous régit actuellement.

CHAPITRE II.

CONDITION LÉGALE DES SOCIÉTÉS ÉTRANGÈRES EN FRANCE DEPUIS LA LOI DU 30 MAI 1857.

16. Lorsqu'on s'occupe des sociétés étrangères, on peut les considérer à un double point de vue. On peut les considérer en elles-mêmes, comme des commerçants voulant faire en France des opérations qui constituent l'exercice de leur commerce et soutenir devant les tribunaux français les procès auxquels ces opérations donnent lieu ; et on examine alors si le droit d'opérer et d'agir en France leur appartient. On peut aussi se placer au point de vue des actions ou des obligations qu'elles émettent, et rechercher si ces titres sont susceptibles d'être émis en France, s'ils sont négociables dans les Bourses françaises et à quelles conditions cette émission et ces négociations sont possibles.

La loi du 30 mai 1857 ne se place qu'au premier point de vue. Mais, pour connaître dans son ensemble la situation légale des sociétés étrangères, il nous faudra les considérer successivement à chacun de ces points de vue différents.

I.

De la condition légale des sociétés étrangères en France, au point de vue des opérations qu'elles veulent y faire et des procès qu'elles ont à y soutenir.

17. Objet de la loi du 30 mai 1857.

18-19. Texte de cette loi. Son système général.

20. Les sociétés anonymes étrangères peuvent être autorisées à agir en France non-seulement par des décrets rendus en conseil d'Etat, mais encore par des traités conclus par l'Empereur seul. Traité avec l'Angleterre.

21. Faculté laissée au gouvernement de n'autoriser que certaines sociétés d'un pays étranger, à l'exclusion des autres.

22. Différentes classes de sociétés anonymes étrangères à distinguer.

17. La loi du 3o mai 1857 ne se borne pas à fixer la situation des sociétés belges en France, elle contient en outre des dispositions générales relatives aux sociétés de tous les pays. Aussi est-ce à elle que nous devons nous attacher pour déterminer la situation légale de toutes les sociétés étrangères en France.

18. Cette loi ne se compose que de deux articles qui sont ainsi conçus :

« ART. 1ᵉʳ. Les sociétés anonymes et les autres

« associations commerciales, industrielles ou finan-
« cières, qui sont soumises à l'autorisation du
« gouvernement belge, et qui l'ont obtenue, peu-
« vent exercer tous leurs droits et ester en justice
« en France, en se conformant aux lois de l'em-
« pire.

« ART. 2. Un décret impérial rendu en conseil
« d'Etat peut appliquer à tous les autres pays le
« bénéfice de l'art. 1ᵉʳ. »

19. Le système général établi par cette loi est
d'une grande simplicité. Elle habilite d'abord spécialement toutes les sociétés belges à exercer leurs
droits en France. Cette autorisation générale a été
considérée comme n'offrant aucun inconvénient.
Car, en Belgique, notre code de commerce est en
vigueur. On a fait remarquer que les sociétés anonymes doivent par suite obtenir l'autorisation préalable du gouvernement, et celui-ci exerce sur ces
sociétés le même contrôle et la même surveillance
que le nôtre avant l'abolition de l'autorisation
préalable par la loi du 24 juillet 1867.

Ensuite, dans son art. 2, la loi de 1857 autorise
le gouvernement français à accorder par des décrets
rendus en conseil d'Etat le même bénéfice aux sociétés des autres pays [1].

---

[1] L'art. 2 de la loi belge du 14 mars 1855 confère le même
pouvoir au gouvernement belge.

Le gouvernement français a usé fréquemment de ce pouvoir

20. Les sociétés étrangères qu'un décret a rendues capables d'agir en France ne sont pas, toutefois, les seules auxquelles cette capacité est certainement garantie. L'art. 6 de la constitution du 14 janvier 1852 donne à l'Empereur le droit de faire seul des traités avec des nations étrangères. On comprend que des clauses de ces traités peuvent très-bien reconnaître aux sociétés du pays avec lequel ils sont conclus, la capacité d'exercer leurs droits en France.

La cour de Rennes a cependant consacré une opinion opposée dans un arrêt du 26 juin 1862. Cette Cour était saisie d'une demande formée contre la société à responsabilité limitée anglaise de Saint-Gaudens. Pour assigner cette compagnie devant les tribunaux français, les demandeurs se prévalaient du traité du 30 avril 1862, d'après lequel les sociétés légalement constituées en Angleterre ont l'exercice de tous leurs droits en France et notamment celui d'y plaider. Mais, selon la

depuis 1857. Voici la liste des pays dont toutes les sociétés sont autorisées à opérer en France, avec la date des décrets qui leur ont donné cette autorisation : Belgique, loi du 30 mai 1857 (art. 1) ; Turquie et Egypte, décrets des 7-18 mai 1859 ; Sardaigne, décret du 8 septembre 1860 ; Portugal et grand-duché de Luxembourg, 27 février 1861 ; Suisse, 11 mai 1861 ; Espagne, 5 août 1861 ; Grèce, 9 novembre 1861 ; Etats-Romains, 5 février 1862 ; Pays-Bas, 22 juillet 1863 ; empire de Russie, 25 févr. 1865 ; Saxe, 23 mai 1868 ; Autriche, 20 juin 1868.

cour de Rennes, depuis la loi du 30 mai 1857, les sociétés étrangères ne peuvent être habilitées à exercer leurs droits en France que par des décrets impériaux rendus en conseil d'Etat; le traité de 1862 ne devait donc avoir pour effet que d'obliger le gouvernement français à rendre au profit des sociétés anglaises un décret en vertu de la loi du 30 mai 1857.

Cette décision était évidemment erronée [1]. La loi de 1857 n'a nullement supprimé le droit pour l'Empereur de faire des traités dans lesquels les sociétés étrangères sont habilitées à agir en France. Elle n'aurait pu d'ailleurs le faire. Car l'Empereur tenait ce droit d'une disposition constitutionnelle (art. 6 Constitution de 1852); un sénatus-consulte aurait été nécessaire pour le lui enlever [2].

Le gouvernement peut à son gré autoriser les sociétés étrangères par la voie administrative (c'est-à-dire par décrets), ou par la voie diplomatique (c'est-à-dire par traités). Suivant les circonstances, il peut être préférable de choisir l'une ou l'autre

---

[1] Aussi l'arrêt de la cour de Rennes a été cassé sur un pourvoi formé dans l'intérêt de la loi. Arr. du 19 mai 1863, ch. civ. cassat., pag. 353 et suiv., Sir., part. 1re, 1863.

[2] C'est ainsi qu'un sénatus-consulte a été nécessaire pour restituer au pouvoir législatif le droit d'examiner les traités de commerce contenant des modifications de tarifs de douanes ou de postes (sénatus-consulte du 8 septembre 1869, art. 10).

de ces voies. Ainsi, notamment pour les sociétés anglaises, on a fait observer que le recours à un décret aurait pu susciter des difficultés qu'on évitait par un traité. En Angleterre, il y a un grand nombre de sociétés appelées *joint stock companies limited*, dans lesquelles les associés ne sont tenus des dettes sociales que jusqu'à concurrence de leurs apports et qui, cependant, ne sont pas soumises à l'autorisation préalable du gouvernement [1]. La loi du 30 mai 1857 ne donnait pas textuellement au gouvernement français le droit d'habiliter par décret ces sociétés à agir en France. Car elle ne parle que *des sociétés anonymes et des autres sociétés soumises à l'autorisation des gouvernements*

---

[1] En Angleterre, jusqu'en 1855, le principe selon lequel tous les membres d'une société commerciale sont tenus personnellement et même solidairement, sur tous leurs biens des obligations de la société, était appliqué avec rigueur à toutes les espèces de sociétés. C'était seulement en des cas très-rares qu'une décision royale ou un acte du parlement déclarait que les obligations des associés seraient limitées à leurs mises. Mais depuis les lois de 1855, 1856, 1857 et 1862, dans toute société composée au moins de sept personnes, il peut être stipulé que la responsabilité des associés sera limitée à leurs apports. Cette société est valablement constituée sans aucune autorisation du gouvernement ou du parlement, pourvu que ses statuts aient été dûment enregistrés. (Voy. Articles de M. E. Ollivier sur les sociétés anglaises, *Revue pratique de Droit français*, t. XXIII.) C'est à cette espèce de sociétés qu'on donne le nom de *joint stock companies limited*.

étrangers. Il aurait été à craindre, par suite, qu'on ne tînt le raisonnement suivant : les sociétés anonymes étrangères soumises à l'autorisation de leur gouvernement peuvent exister en France en vertu d'un décret général qui s'applique à toutes les sociétés du même pays. C'est là une faveur que la loi de 1857 fait à ces sociétés. Car, dans la rigueur des principes, une autorisation particulière serait nécessaire à chaque société anonyme étrangère. Cette faveur ne doit pas être étendue à des sociétés qui existent dans leur pays sans autorisation, bien que les obligations des associés soient restreintes à leurs apports. Donc, il faut que chacune des sociétés anglaises appelées *joint stock companies limited*, obtienne une autorisation *spéciale* pour avoir en France l'exercice de ses droits. C'est pour obvier à cette difficulté qu'a été conclu avec l'Angleterre le traité du 30 avril 1862[1].

21. Nous venons d'indiquer (voy. aussi n° 24) que les décrets rendus en vertu de la loi de 1857 sont généraux, en ce sens qu'ils s'appliquent à *toutes* les sociétés d'un pays étranger. Mais rien n'empêche-

---

[1] Ce but spécial du traité ressort du rapprochement même de ses termes et de ceux de la loi du 30 mai 1857. Cette dernière loi et les décrets rendus en exécution de son art. 2, ne parlent que des *sociétés anonymes et des autres sociétés soumises à l'autorisation du gouvernement étranger*. Au contraire, dans le traité de 1862, il est question de *toutes* les compagnies et sociétés anglaises.

rait le gouvernement d'autoriser à agir en France *spécialement* certaines sociétés d'un pays à l'exclusion des autres. Cette faculté laissée au gouvernement peut avoir une assez grande utilité. Car, il est possible que l'autorisation préalable ne constituant dans un pays étranger qu'une simple formalité, il n'y ait qu'un nombre restreint de sociétés anonymes qui soient sérieusement constituées.

22. Il faut donc reconnaître qu'il existe aujourd'hui trois classes de sociétés anonymes étrangères qui sont certainement investies du droit d'agir en France, comme des sociétés en nom collectif. Ce sont :

1° Celles qui ont reçu le droit d'opérer en France par un décret général rendu pour toutes les sociétés d'un pays étranger en vertu de la loi du 30 mai 1857 (art. 2).

2° Celles qui ont reçu ce même droit par un décret spécial.

3° Enfin, celles qui l'ont obtenu par un traité.

A côté de ces sociétés se trouvent celles qui n'ont été autorisées à agir en France ni par décret, ni par traité [1].

Nous n'avons pas à nous occuper des sociétés

---

[1] Ces sociétés sont aujourd'hui peu nombreuses. Car des décrets ont étendu le bénéfice de la loi de 1857 (art. 2) à la plupart des pays d'Europe (voy. n° 19, note 1).

étrangères autorisées par traité [1] ou par décret spécial. Car, d'un côté, les termes de chaque traité peuvent être différents, et c'est à eux qu'il faut toujours se référer pour résoudre les questions relatives à la situation des sociétés du pays étranger avec lequel le traité a été conclu. Et, d'un autre côté, pour les sociétés étrangères autorisées par décret spécial, il faut consulter les statuts qui ont été soumis à l'approbation du gouvernement français.

Nous ne traiterons donc successivement que de la condition des sociétés autorisées par décret général et de celles qui ne l'ont été ni par décret ni par traité.

A. *Condition légale, en France, des sociétés étrangères autorisées à y agir par un décret général s'appliquant à toutes les sociétés du même pays.*

23. Principales questions à résoudre pour fixer la condition de ces sociétés.

---

[1] A notre connaissance il n'existe de traité de ce genre qu'avec l'Angleterre (traité du 30 avril 1862), et ce traité est à peu près conçu dans les mêmes termes que les décrets rendus en exécution de la loi du 30 mai 1857. Voici le seul point secondaire par lequel ce traité en diffère. Comme nous le faisons observer plus bas (n° 27) les décrets n'autorisent pas nécessairement les sociétés étrangères à agir en France sous condition de réciprocité pour les sociétés françaises. La réciprocité résulte au contraire du traité du 30 avril 1862 avec l'Angleterre.

38. L'autorisation d'agir en France n'entraîne pas la faculté de négocier les titres de la société dans les Bourses françaises. Renvoi.

39, 40, 41. En quel sens les sociétés étrangères doivent-elles se soumettre aux lois françaises pour agir en France? Interprétation de l'art. 1 (*in fine*) de la loi du 30 mai 1857.

42. Application des principes posés aux principaux conflits des lois françaises et des lois étrangères sur les sociétés.

43. La société qui a un objet contraire à l'ordre public français peut-elle agir en France en vertu de l'autorisation générale donnée aux sociétés de son pays? Distinction.

44. Le mode de preuve de la société se détermine par la loi du pays de sa constitution.

45. Les sociétés étrangères doivent-elles, pour user de leur droit d'agir en France, y publier leurs statuts conformément à la loi française?

46, 47. La loi étrangère fixe le montant du capital qui doit être souscrit et versé pour la constitution définitive de la société et le taux minimum des actions.

48. Il faut, au contraire, consulter la loi personnelle de chaque actionnaire pour savoir s'il avait la capacité de souscrire.

49. Conflits relatifs au fonctionnement de la société.

50. Il faut appliquer la loi étrangère pour déterminer quelle peut être la forme des actions et spécialement à partir de quel moment la forme au porteur leur est licitement donnée.

51, 51 *bis*. Les actionnaires ou obligataires français peuvent-ils réclamer le paiement d'intérêts supérieurs aux intérêts légaux fixés par la loi du 3 septembre 1807 ou le paiement de lots qui leur sont échus au sort? — Comment la question n'offre qu'un intérêt pratique très-restreint.

52, 53. La loi étrangère est applicable, quand il s'agit de savoir si la société constitue un être moral, par qui elle peut être représentée et quels sont les associés tenus de ses obligations.

54. Faut-il appliquer la prescription de l'art. 64 du code de commerce au profit des associés français actionnés devant nos tribunaux, en faisant abstraction des dispositions différentes des lois étrangères ?

55. Les sociétés étrangères sont soumises à l'impôt foncier et à la taxe de mainmorte pour les immeubles qu'elles possèdent en France.

56. Elles sont soumises à la patente. — Examen d'une question relative à la quotité du droit fixe.

57. La clause compromissoire insérée dans les statuts d'une société étrangère peut-elle être opposée aux Français qui actionnent la société devant les tribunaux de France ?

23. Pour fixer la situation des sociétés étrangères autorisées par décret général, nous aurons à examiner deux points principaux :

1° Quelles sont exactement les conditions exigées pour que l'existence légale de ces sociétés soit reconnue en France ? Quel est l'effet de l'accomplissement de ces conditions, c'est-à-dire quels sont les droits qui appartiennent à ces sociétés ?

2° Sous quels rapports ces sociétés sont-elles soumises aux lois françaises ou aux lois étrangères ?

24. La condition à laquelle la loi du 30 mai 1857 soumet le droit pour les sociétés étrangères d'agir en France est l'autorisation du gouvernement français donnée par décret rendu en conseil d'Etat.

Cette autorisation n'est nullement identique à

celle qu'exigeait l'article 37 du code de commerce
pour les sociétés anonymes françaises, et qu'impose
encore la loi du 24 juillet 1867 (art. 66, 1er alin.)
aux compagnies d'assurances sur la vie. Chacune
de ces sociétés devait obtenir du gouvernement une
autorisation *spéciale*, après examen par le conseil
d'Etat de ses statuts particuliers. Au contraire,
l'autorisation qui s'applique aux sociétés étrangères
a un caractère *général*; elle n'est pas donnée à telle
ou telle société individuellement déterminée, mais
à toutes les sociétés d'un certain pays.

On peut donc dire que la loi du 30 mai 1857
soumet à une surveillance moins rigoureuse, de la
part du gouvernement français, les sociétés étrangères que les sociétés anonymes françaises. Mais les
rédacteurs de la loi ont trouvé que cela n'offrait
aucun inconvénient. Ils ont insisté sur l'idée que
le gouvernement devrait, avant de rendre un décret d'autorisation, se livrer à l'examen de la loi
étrangère sur les sociétés, et rechercher si le contrôle exercé par le gouvernement étranger sur les
sociétés anonymes donne des garanties suffisantes.

25. Quoi qu'il en soit, cette autorisation générale
donnée par décret aux sociétés d'un pays étranger,
remplace pour elles l'autorisation spéciale exigée
par l'art. 37 du code de commerce pour les sociétés
anonymes françaises. La loi du 24 juillet 1867
(art. 21) a supprimé cette formalité pour ces dernières. Est-ce à dire que, pour les sociétés anony-

mes étrangères, l'autorisation générale prescrite par la loi de 1857 a cessé également d'être nécessaire ?

Il est certain que la loi de 1857, qui prescrit l'autorisation pour les sociétés étrangères, n'a pas été abrogée *expressément* ; on pourrait seulement se demander si elle ne l'a point été tout au moins *tacitement*.

Nous ne saurions admettre qu'il y ait eu abrogation tacite de la loi de 1857 par l'art. 21 de la loi du 24 juillet 1867. Pour que cette espèce d'abrogation ait lieu, il faut, d'après les principes généraux de notre législation, qu'il y ait *inconciliabilité absolue* entre la disposition de la loi nouvelle et celle de la loi ancienne. Or, ce n'est nullement là le cas ; l'autorisation générale, prescrite en 1857 pour les sociétés anonymes étrangères, se justifie et se comprend très-bien, même depuis que l'autorisation préalable a cessé en principe d'être exigée pour les sociétés anonymes françaises.

En effet, quel est le système général de la loi de 1867 relativement aux sociétés anonymes françaises ? Elle supprime pour elles l'autorisation préalable ; mais en même temps, pour donner toute sécurité aux tiers qui se mettent en relation avec elles, elle remplace en quelque sorte cette autorisation par une foule de conditions restrictives imposées à ces sociétés. Comme nous le dirons plus loin, ces conditions restrictives ne peuvent en général être imposées aux sociétés étrangères (voy.

n°s 46 et 47). Par suite, si l'autorisation générale exigée pour elles par la loi du 30 mai 1857 n'existait plus, toute espèce de garantie serait enlevée aux tiers. Elles jouiraient en France, à la différence de nos sociétés anonymes, d'une liberté absolue [1].

Du reste, la nécessité de l'autorisation préalable a été maintenue par la loi de 1867 (art. 66) pour les associations de la nature des tontines et les sociétés d'assurances sur la vie, mutuelles ou à primes, et, par conséquent, on ne peut pas douter, surtout pour les sociétés étrangères de ce genre, du maintien de la loi de 1857.

26. Cette autorisation générale est prescrite pour les *sociétés anonymes étrangères*. Au contraire, elle ne l'est point, tout au moins en principe, pour les *sociétés étrangères en nom collectif* et *en commandite*. C'est aux tiers qui traitent avec ces sociétés à prendre des informations, afin de ne pas se mettre en rapport avec elles, si elles n'ont pas de caractère sérieux.

D'ailleurs, la responsabilité illimitée de tous les associés ou de certains associés (des commandités) diminue considérablement les dangers que peuvent courir les tiers qui entrent en relation avec les sociétés en nom collectif ou en commandite.

Toutefois la loi assimile aux sociétés anonymes

[1] Voy en ce sens Vavasseur, *Traité des Sociétés par actions*, n° 373.

celles même d'une autre nature qui, d'après la législation du pays où elles sont constituées, sont assujéties à l'autorisation préalable. Elle exige que, pour agir en France, elles soient autorisées par le gouvernement français. Ainsi, notamment, d'après le code général de commerce allemand (*Allgemeines deutsches Handelsgesetzbuch*, art. 174) [1] et

---

[1] Le code général de commerce allemand a été rendu, comme son nom même l'indique, pour toute l'Allemagne ; mais il a été suivi de lois spéciales qui l'ont rendu exécutoire dans chaque Etat (Einführungs Gesetze). Ce code général indique lui-même un certain nombre de dispositions auxquelles les lois de chaque pays peuvent déroger. Dans son art. 249, il permet aux lois particulières de chaque Etat de décider que l'autorisation de l'Etat n'est pas nécessaire pour former des sociétés par actions ou certaines espèces de sociétés. En vertu de cet article, la nécessité de l'autorisation pour les commandites par actions a été écartée dans la plupart des pays allemands.

Principaux pays allemands où il y a dispense d'autorisation du gouvernement pour les commandites par actions : Prusse, loi du 24 juin 1861 ; Nassau, loi du 2 octobre 1861 ; Waldeck, loi du 11 février 1862 ; Francfort, loi du 17 octobre 1862.

Principaux pays allemands où les commandites par actions sont assujéties à l'autorisation préalable, conformément au code général de commerce : Saxe, loi du 30 octobre 1861 ; Saxe-Cobourg, loi du 19 février 1861 ; Hesse, loi du 1er août 1862.

La loi spéciale du grand-duché de Bade du 6 août 1862 (art. 32) consacre un système tout particulier. Elle dispense en général d'autorisation toutes les sociétés par actions ; elle ne la requiert que pour celles de ces sociétés qui ont pour objet des

d'après le nouveau code de commerce italien de 1865 [1], les sociétés en commandite par actions sont soumises à l'autorisation préalable du gouvernement. Dans d'autres pays, par exemple en Belgique, l'autorisation ne leur est pas nécessaire.

Il y a, par suite, des sociétés étrangères en commandite par actions qui sont admises à opérer et à agir en France sans aucune condition, et il en est d'autres qui n'ont cette capacité qu'en vertu d'un décret rendu en exécution de la loi du 3o mai 1857 ou en vertu d'un traité.

26 *bis*. Quelle raison a poussé le législateur de 1857 à exiger l'autorisation du gouvernement français pour les sociétés, autres que les sociétés anonymes qui doivent être autorisées dans leur pays, tandis qu'il n'y soumet pas les sociétés, même complétement identiques, qui ne sont pas soumises à l'autorisation de leur gouvernement? C'est ce qu'il est assez difficile de déterminer.

On pourrait être tenté de penser que le législateur est parti de l'idée suivante : L'autorisation donnée par un gouvernement à une société est un

affaires de banque et de crédit, d'assurances d'objets mobiliers ou immobiliers, d'assurances sur la vie ou des contrats de rente viagère.

[1] Art. 156 : *La societa in accomandita per azioni* et la societa anonima non possono esistere, se non sono autorizzate con decreto reale e se non é in pari modo approvato l'atto di loro costituzione.

acte de souveraineté, et ce n'est qu'en vertu de cet acte que les sociétés autorisées existent. Elles ne peuvent donc pas avoir d'existence légale en dehors du territoire sur lequel cet acte de souveraineté peut étendre son empire, c'est-à-dire en dehors du pays où elles se sont constituées.

Mais cette explication ne serait pas du tout satisfaisante. Au point de vue des principes rigoureux, la loi qui reconnaît la personnalité d'une société en nom collectif est un acte de souveraineté tout comme le décret d'autorisation rendu par le gouvernement au profit d'une société anonyme ou en commandite par actions; et si cette idée était admise, elle devrait amener le législateur à exiger l'autorisation du gouvernement français pour les sociétés étrangères même en nom collectif. C'est avec raison qu'une doctrine si extrême a été rejetée par la loi de 1857. Par suite du développement du commerce, les relations entre les peuples seraient entravées par une loi qui empêcherait les sociétés étrangères en nom collectif d'agir librement en France. On a, dans l'intérêt général des nations, dérogé depuis longtemps aux principes de souveraineté des États en reconnaissant que les lois personnelles suivaient les personnes physiques en dehors de leur pays. L'intérêt général exige impérieusement qu'on applique la même règle aux sociétés étrangères, en reconnaissant leur existence en France, du moment tout au moins où l'on ne viole par là aucune loi d'ordre public (voy. ci-dessus n° 10).

La question qui nous occupe n'a pas échappé au rapporteur de la loi du 30 mai 1857. Il a essayé d'expliquer pour quelle raison on appliquait les dispositions de cette loi aux sociétés autres que les sociétés anonymes qui sont soumises dans leur pays à l'autorisation préalable.

« C'est peut-être ici, dit le rapport, le lieu de
« faire remarquer que la loi laisse en dehors de son
« action les sociétés collectives, en commandite ou
« autres représentées par un ou plusieurs directeurs,
« gérants ou actionnaires responsables dont elles
« portent le nom ; elle s'applique particulièrement
« aux sociétés anonymes, auxquelles, par un motif
« de prudence facile à justifier, on a joint les autres
« associations qui, sans être anonymes, sont néan-
« moins soumises à l'autorisation préalable comme
« intéressant l'ordre, la morale et la sécurité
« publics. »

Ces motifs, loin de justifier la loi de 1857, font très-bien apercevoir l'un de ses vices. Il en résulte que, pour déterminer si des sociétés étrangères doivent, dans le cas où elles veulent agir en France, être autorisées par décret, le législateur français, au lieu de partir d'un point de vue personnel, se soumet aux idées du législateur étranger. Si celui-ci estime que des sociétés d'une certaine espèce ne pourraient pas sans inconvénients exister dans son pays sans autorisation, elles devront pour agir en France avoir par surcroît l'autorisation du gouvernement français. Dans le cas contraire, elles auront la liberté d'agir en France sans condition.

Le système de la loi de 1857 sur ce point conduit à des conséquences iniques et peu rationnelles, spécialement pour les sociétés étrangères en commandite par actions.

Il est injuste, dans l'état actuel de nos lois, de laisser les sociétés étrangères en commandite par actions agir en France sans aucune condition par cela seul que dans leur pays elles ne sont point soumises à l'autorisation du gouvernement. Lorsque la législation du pays de ces sociétés leur laisse une liberté plus grande que nos lois n'en accordent aux sociétés françaises, on conçoit quelle inégalité choquante se trouve établie entre les commandites françaises par actions et les sociétés étrangères de la même espèce! Un exemple frappant suffira pour constater cette fâcheuse conséquence des dispositions de nos lois actuelles. En Belgique, les sociétés en commandite par actions sont entièrement libres, comme elles l'étaient en France avant la loi du 17 juillet 1856. Cependant ces sociétés existant en Belgique sans autorisation, peuvent agir librement en France. On comprend combien, sous un tel régime de liberté, les commandites belges par actions peuvent lutter avec avantage contre les sociétés françaises.

Du moment où le législateur reconnaissait qu'à raison des dangers qu'elles présentent pour le public, les sociétés françaises en commandite par actions ne devaient exister qu'en observant pour leur constitution et leur fonctionnement des règles spéciales, il fallait tout au moins qu'il ne laissât agir en France les sociétés étrangères en commandite par actions qu'avec une autorisation du gouvernement français (tout comme les sociétés anonymes), sans distinguer entre le cas où elles sont soumises à l'autorisation dans leur pays et celui où elles en sont dispensées.

27. Pour que le gouvernement français autorise par un décret général les sociétés d'un pays étranger à agir en France, il n'est pas nécessaire que le gouvernement étranger accorde de son côté aux sociétés françaises le droit d'agir dans son pays[1]. La loi de 1857 délègue au gouvernement le droit d'autoriser en France les sociétés étrangères *sans aucune condition de réciprocité pour les sociétés françaises.* On avait objecté contre ce système que le principe de réciprocité dominait toute notre législation sur les étrangers, que l'art. 11 C. N. y soumet expressément les droits des étrangers en France.

Mais on peut faire valoir les motifs les plus dé-

---

[1] Il faut remarquer qu'au contraire la loi belge du 14 mars 1855 (n° 14) fait de la réciprocité une condition essentielle du droit des sociétés françaises d'agir en Belgique.

cisifs pour justifier le rejet du système de réciprocité au point de vue de l'autorisation des sociétés
étrangères [1]. Le principe de réciprocité est bien
loin d'être absolu. Le législateur y a dérogé dans
tous les cas où un intérêt, soit politique, soit commercial, se présentait pour le faire abandonner [2].
Or, c'est précisément le cas dans lequel on peut se
trouver quand il s'agit d'autoriser des sociétés étrangères à agir en France. Car il est possible que les
sociétés d'un pays exercent un commerce de nature
à procurer à la France des produits qui lui sont
nécessaires, sans que cependant le gouvernement
étranger se croit en mesure d'autoriser les sociétés
françaises à opérer sur son territoire [3].

[1] On peut voir quelques-uns de ces motifs dans le rapport
présenté au Corps législatif (voy. Dalloz, 1857, IVe partie,
page 77, 2e et 3e colonnes).

[2] Voy. dans l'*Explication sommaire du premier livre du code
Napoléon* par M. Valette, p. 416 et suiv., un tableau des principales lois qui reconnaissent des droits aux étrangers sans aucune condition de réciprocité. Ils sont notamment investis des
droits d'obtenir des concessions de mines (art. 13, loi du 21
avril 1810), des brevets d'invention (art. 27, loi du 5 juillet
1844).

[3] Reprenant une idée de notre première Assemblée consti-
tuante un peu abandonnée par le code Napoléon et l'appliquant
aux sociétés étrangères, le rapport du Corps législatif indique
que du reste il est digne de la France de prendre l'initiative
dans l'application des idées généreuses et libérales aux sociétés

28. Mais dans tous les cas le décret d'autorisation ne s'applique jamais qu'aux sociétés étrangères qui ont été dûment autorisées par le gouvernement de leur pays (art. 1 et 2, loi du 30 mai 1857). Car, ainsi que nous l'avons déjà dit, si le législateur de 1857 s'est contenté d'une autorisation générale s'appliquant à toutes les sociétés d'un pays sans exception, c'est qu'il a cru trouver dans l'autorisation spéciale que chacune des sociétés a dû obtenir du gouvernement étranger des garanties suffisantes pour les intérêts français.

29. Lorsque des sociétés étrangères ont été auto-

___

étrangères. L'opinion adoptée par le Corps législatif est d'ailleurs tout à fait conforme à un vœu émis par la chambre de commerce de Paris. Cette Chambre, réclamant en 1857 la confection d'une loi qui fixerait la situation légale des sociétés belges en France et faisant allusion à l'arrêt de la cour de cassation de Belgique, qui refusait à nos sociétés le droit d'agir dans ce pays, disait : « Si le gouvernement belge devait rester indifférent aux ouvertures qui lui seraient faites à cet égard, il « faudrait persister dans notre jurisprudence généreuse et ne « pas user de représailles. »

Au contraire, la loi belge du 14 mars 1855, dont le texte est cité plus haut (n° 15), n'autorise les sociétés étrangères à agir en Belgique que sous la condition de la réciprocité. Cela résulte du reste suffisamment de l'intitulé de la loi (loi relative à la réciprocité internationale en matière de sociétés anonymes). Toutefois, d'après la loi belge de 1855, le seul fait de la réciprocité suffit ; il n'est pas nécessaire, ainsi que le veut l'art. 11 du code Napoléon, qu'elle soit stipulée par un traité.

risées, elles peuvent, d'après la loi du 3o mai 1857, *exercer en France tous leurs droits et ester en justice.* Quel est au juste le sens de ces expressions ? Quels sont les droits que les sociétés étrangères dûment autorisées peuvent exercer en France ?

La solution à donner sur ce point est parfaitement indiquée dans le rapport au Corps législatif. « Ces expressions doivent s'entendre de tous les « droits qu'exercent les sociétés non anonymes et « les individus non sujets à autorisation, droits « pour l'exercice desquels les sociétés anonymes « non autorisées se trouvaient frappées d'incapacité « par l'article 37 du code de commerce. » On peut ajouter que les sociétés dûment autorisées subissent, quant à leurs droits en France, les mêmes restrictions que les individus étrangers ou les autres sociétés non soumises à l'autorisation.

30. Pour ce qui est de l'application de ces principes aux opérations mêmes de la société, aucune difficulté ne peut se présenter. Mais il importe au contraire d'examiner ce qui concerne le droit pour les sociétés étrangères autorisées de plaider en France.

Les sociétés étrangères dûment autorisées peuvent plaider en France contre des Français en qualité de demanderesses (art. 15 C. N.), et elles sont en pareil cas, tout comme des particuliers, assujéties à l'obligation de fournir la caution *judicatum solvi.* A l'inverse, en principe, rien n'empêche les Français actionnaires, porteurs d'obligations ou créanciers à un titre quelconque, de citer la société devant nos tribunaux (art. 14 C. N.) [1].

31. Toutefois, de même que des Français peuvent renoncer au bénéfice de l'art. 14 C. N. au profit d'un individu étranger, rien ne les empêche non plus de renoncer au droit de citer une société étrangère devant les tribunaux de France. Quand cette renonciation est expresse, aucune difficulté ne saurait s'élever. Mais il peut être assez délicat de décider si les tiers qui ont un procès avec une société étrangère ont renoncé tacitement au bénéfice de l'art. 14 C. N.

32. Deux cas principaux sont à cet égard susceptibles de se présenter :

1° La législation étrangère décide, comme le fait notre code de procédure civile (art. 59), qu'en matière de société les procès doivent être portés devant le tribunal du lieu où la société a son siége.

2° Ou bien, qu'il y ait ou non une disposition expresse dans la législation, les statuts sociaux attribuent compétence à ce tribunal étranger, à

[1] De nombreux arrêts ont reconnu que les dispositions des articles 14 et 15 du code Napoléon comprennent sous le nom d'étrangers les personnes morales étrangères et par conséquent les sociétés. Cass., 26 juillet 1853 ; 1853, Sir. part. 1ʳᵉ, 688. — 19 mai 1863 ; 1863, S. 1, 353. — Paris, 9 mai 1865 ; S. 1865, 2, 210.

l'exclusion des tribunaux des autres pays, pour toutes les contestations qui intéresseront la société.

Doit-on dire, dans ces hypothèses, que les Français (actionnaires, obligataires ou autres créanciers) qui se sont mis en rapport avec la société, ont renoncé tacitement au droit de la poursuivre devant nos tribunaux ?

33. Le cas le plus simple est celui où il y a dans les statuts sociaux une clause formelle attribuant compétence aux tribunaux étrangers.

La solution à donner ne doit pas être uniforme pour tous les Français qui sont en relation avec la société étrangère. Cette clause est évidemment opposable *aux actionnaires Français* qui ont à former des demandes contre la société. Car il est de principe que la souscription d'une action implique de la part du souscripteur adhésion aux statuts (voy. arrêt de la cour de Chambéry, 1er décembre 1866, *Droit* du 24 janvier 1867).

Mais cette clause dérogatoire aux règles ordinaires de la compétence n'enchaînerait pas les Français porteurs d'obligations, ni les autres créanciers de la société comme elle engage les actionnaires. Ces dernières personnes, à la différence des actionnaires, sont des tiers qui ne peuvent pas être considérés comme ayant coopéré et adhéré aux statuts. Par suite, la clause qui enlève aux tribunaux français la compétence qu'ils tiennent de l'art. 14 du code Napoléon ne leur serait opposable que si elle avait été publiée lors de la constitution de la société conformément aux règles du pays de la société étrangère [1], ou si la société en avait donné connaissance à ces personnes soit par une déclaration expresse en contractant avec elles, soit par une mention inscrite sur les titres d'obligation.

Il n'en est pas moins vrai que la situation des porteurs d'obligations de sociétés étrangères est très-précaire, bien qu'ils puissent agir en France contre la société, nonobstant la clause spéciale des statuts. En effet, les sociétés anonymes ne sont tenues que jusqu'à concurrence de l'actif social et en général les sociétés étrangères ne possèdent pas de biens en France. Aussi les porteurs d'obligations ne peuvent poursuivre l'exécution des condamnations qu'ils obtiennent contre la société devant nos tribunaux que dans le pays étranger et en se conformant à sa législation [2].

[1] Nous décidons plus loin qu'il n'est pas nécessaire que les sociétés étrangères qui veulent opérer et agir en France aient fait publier leurs statuts conformément à la loi française. La publicité qui leur a été donnée dans le pays étranger d'après les lois qui y sont en vigueur est suffisante (voy. n° 45).

[2] Il faut observer que, d'après notre jurisprudence, les porteurs d'obligations d'États étrangers sont moins bien traités que les porteurs d'obligations de sociétés étrangères. Car nos tribunaux admettent que les États étrangers ne peuvent pas être cités devant eux par des Français, à *quelque titre que ce soit.*

Ils n'ont donc pas, selon cette jurisprudence, le droit de ré-

34. Quoi qu'il en soit, il est certain que la clause qui attribue compétence aux tribunaux étrangers déroge, au moins à l'égard des actionnaires, au principe général de l'art. 14 du code Napoléon, selon lequel les Français peuvent citer leurs débiteurs étrangers devant les tribunaux de France. Elle doit par suite être interprétée restrictivement. On ne doit enlever à la compétence des tribunaux français, pour l'attribuer au tribunal étranger du siége de la société, que *les contestations sociales*. Nous entendons par là *les contestations qu'ont les*

clamer en France le paiement des intérêts de leurs obligations. Cass., 22 janvier 1849, 49, Sir., 1-83 ; — Jugements du tribunal de la Seine du 31 juillet 1866 (*Droit* du 9 septembre 1866) ; du 11 avril 1867 (*Droit* du 20 avril 1867) ; du 1ᵉʳ mai 1867 (*Droit* du 3 mai 1867). — Mais cette jurisprudence est très-contestable. Le danger de la partialité qui a fait suspecter par le législateur les tribunaux étrangers est bien plus grand quand l'un des plaideurs est l'Etat étranger lui-même. Le principe de la souveraineté que la jurisprudence invoque pour soustraire les Etats étrangers à l'application de l'art. 14 ne peut concerner que les actes politiques et non ceux que ces Etats font en qualité de personnes privées, comme les emprunts qu'ils émettent. (Voy. en ce sens, Demangeat, *Revue pratique*, 1856, t. Iᵉʳ, pages 394 et suiv. ; — Jozon, *Revue de Droit international et de Législation comparée*, nº 2, 1869, page 173 ; voy. aussi page 283 la pétition au Sénat de M. Vergé, ayant pour but de demander qu'une loi déclare les tribunaux français compétents pour connaître des demandes formées par des Français contre des Etats étrangers, quand elles ont un caractère privé.)

actionnaires en cette qualité contre la société, à raison d'une difficulté relative à l'interprétation ou à l'exécution de l'acte même de société.

Dans tout autre cas, l'actionnaire lui-même qui intente un procès contre la société n'est pas lié par la clause des statuts sociaux ; il peut agir devant les tribunaux de France. Car on doit interpréter une clause d'après la nature de l'acte dans lequel elle se trouve. Et, par suite, il est naturel de ne considérer que comme se rapportant aux contestations sociales une clause relative à la compétence renfermée dans un acte de société.

Ainsi, si un actionnaire fait avec la société une convention spéciale qui ne se rattache pas nécessairement à sa qualité d'associé, si, par exemple, il loue un immeuble à la société, les contestations qui naîtront de l'exécution du bail seront de la compétence des tribunaux français. Car il ne s'agit nullement là d'une contestation sociale. L'actionnaire n'agit même pas ici en cette qualité, mais bien comme bailleur. Il doit être traité comme tout autre créancier de la société.

Le cas que nous venons d'indiquer est extrêmement simple, et aucun doute ne saurait sérieusement exister sur la solution à donner. Mais parfois des difficultés s'élèvent en fait sur le point de savoir si une contestation entre un actionnaire et la société est une contestation sociale soustraite en vertu des statuts à la compétence des tribunaux français.

C'est une difficulté de ce genre sur laquelle la cour de cassation a récemment statué par un arrêt du 24 août 1869 (chambre civile). La compagnie italienne du chemin de fer Victor-Emmanuel contient dans ses statuts un article (art. 44) d'après lequel, en cas de contestation, tout actionnaire est tenu de faire élection de domicile au siége de la société pour que le procès y soit porté[1]. En 1866, les affaires de cette compagnie se trouvèrent embarrassées. Le conseil d'administration résolut de suspendre le paiement des intérêts des actions. Cette résolution fut annoncée par les journaux et communiquée à l'assemblée générale des actionnaires. Mais un actionnaire résistant à cette décision forma une demande en paiement des intérêts de ses actions devant le tribunal de la Seine. Le représentant de la société opposa l'incompétence des tribu-

---

[1] Dans l'espèce de cet arrêt, les statuts de la société contenaient une *clause compromissoire*, c'est-à-dire qu'ils décidaient que les contestations seraient portées devant des arbitres. Nous examinerons plus loin si cette clause est valable et opposable aux actionnaires français (voy. n° 57). Si l'on admet sa validité, comme l'a fait la Cour de cassation, on doit déterminer à quelles contestations elle est applicable; et cette question est la même que celle qui se présente, quand il s'agit de fixer la portée de la clause qui attribue compétence au tribunal du siége de la société étrangère. C'est l'identité de ces deux questions qui nous permet de citer ici l'arrêt de la Cour de cassation relatif à la portée de la clause compromissoire.

naux français en s'appuyant sur l'article des statuts mentionné plus haut. Le demandeur prétendait que cet article était inapplicable dans l'espèce, parce qu'il ne s'agissait pas là d'une contestation sociale ; que le tribunal ne devait pas se dessaisir ; que d'ailleurs, les coupons d'intérêts étant payables à Paris, le tribunal de la Seine était compétent, non pas en vertu de l'art. 14 du code Napoléon, mais en vertu de l'art. 420 du code de procédure civile, qui permet au créancier, en matière commerciale, de citer son débiteur devant le tribunal du lieu où le paiement doit être fait.

La compétence du tribunal français a été reconnue successivement par le tribunal de la Seine et par la cour de Paris. Voici les raisons spécieuses que ces deux juridictions ont invoquées à l'appui de leur solution. Selon elles, la clause des statuts ne s'appliquant qu'aux contestations sociales, la règle ordinaire de compétence (celle de l'art. 14 du code Napoléon) devait reprendre son empire dès qu'il s'agissait de l'exécution d'obligations personnelles contractées envers un actionnaire par la société, et notamment pour le paiement des coupons d'intérêt de ses titres. Du reste, subsidiairement, l'arrêt déclare que c'est au juge qui doit ordonner l'exécution d'examiner si elle est réclamée à bon droit. Or, en vertu de l'art. 420 C. de Pr. civ., les coupons étant payables à Paris, le tribunal de la Seine était compétent pour en ordonner le paiement.

Ce système nous paraît erroné ; et c'est à juste titre qu'il a été repoussé par la cour de cassation. Nous avons dit plus haut qu'on doit considérer comme contestations sociales toutes les difficultés survenues entre un associé et la société relativement à l'exécution de l'acte même de société. Or, c'est bien là le caractère de la contestation qui était soulevée. Car les statuts prescrivaient le paiement d'intérêts aux actionnaires ; et c'est contre l'inexécution de cette partie des statuts que réclamait l'actionnaire demandeur. Le conseil d'administration avait suspendu le paiement des intérêts pour les actionnaires et il y avait à examiner si, en prenant cette mesure, il n'avait pas dépassé les pouvoirs que lui conféraient les statuts de la société.

L'argument qu'on voulait tirer de l'article 420 du code de procédure civile n'avait aucune valeur. Car si cet article attribue compétence au tribunal du lieu où le paiement doit être fait, il n'édicte nullement là une règle de compétence impérative. Les parties peuvent y déroger, et il y a une dérogation de ce genre dans les statuts de la société étrangère, qui attribuent compétence au tribunal du lieu où elle a son siége pour toutes les contestations sociales.

35. Dans le cas où une société étrangère est citée devant un tribunal français, contrairement à la clause expresse de ses statuts, elle peut évidem-

ment, en s'appuyant sur cette clause, opposer au Français demandeur une exception d'incompétence. Mais il importe de déterminer avec précision quelle est la nature de l'incompétence en pareil cas. Est-ce une incompétence *ratione personæ* ou *ratione materiæ* ?

C'est une incompétence *ratione personæ*, qui, comme telle, doit être opposée au début de l'instance et que les juges ne sont pas dans la nécessité de suppléer quand les parties ne l'invoquent point. En effet, le trait distinctif de l'incompétence *ratione materiæ* et de l'incompétence *ratione personæ*, c'est que la première seule est contraire aux principes d'ordre public. Assurément, ce n'est point là le caractère de l'incompétence des tribunaux français dans notre hypothèse. Un principe d'ordre public ne peut pas plus être établi par des particuliers qu'ils ne peuvent y déroger une fois qu'il existe. Or, ici, l'incompétence du tribunal français résulte bien exclusivement de la volonté des parties : elle n'existe qu'en vertu de la renonciation qu'a faite l'actionnaire français en adhérant aux statuts au droit de citer la société étrangère devant nos tribunaux qu'il tient de l'article 14 du code Napoléon.

36. D'ordinaire, quand une exception d'incompétence *ratione personæ* n'est point opposée par le défendeur, les juges ne sont sans doute pas obligés de se déclarer incompétents, mais ils ont toujours du moins la faculté de le faire. Nous croyons qu'ici

il faudrait aller plus loin, et ne pas reconnaître aux tribunaux français même la faculté de déclarer leur incompétence.

Voici la raison qui nous semble décisive pour appliquer ici une décision toute spéciale. Ordinairement l'incompétence des tribunaux est créée par la loi elle-même. On conçoit parfaitement que, quand les parties négligent de s'en prévaloir, le tribunal, de son chef, se déclare lui-même incompétent. Bien que l'ordre public n'y soit pas directement intéressé, le tribunal peut avoir, pour le faire, des motifs d'intérêt général : il juge, par exemple, que, si l'on portait devant lui des affaires dont il ne devrait pas connaître en vertu d'une incompétence purement relative, une grande partie du temps qu'il est de son devoir de consacrer à ceux dont il est le juge naturel serait absorbé. Dans notre espèce, il n'en est plus du tout de même. La loi française reconnaît la compétence du tribunal (art. 14 C. N.); il n'est incompétent qu'en vertu d'une convention particulière. Si les parties ne l'invoquent pas, le tribunal, en se déclarant incompétent, statuerait sur une chose non demandée et se dessaisirait d'une cause intéressant un Français, dont il est le juge naturel.

37. Il ne nous semble pas qu'on doive admettre également l'incompétence des tribunaux français dans le cas où c'est simplement la législation étrangère qui déclare le tribunal du lieu où la société a

son siége, compétent pour connaître des contestations sociales. On ne peut pas diré que l'adhésion
de l'actionnaire aux statuts entraîne sa soumission
aux règles de compétence de la législation étrangère. Il a pu ignorer les principes de cette législation. On ne peut pas non plus dire : L'article 14
du Code Napoléon ne permet aux Français de citer
des étrangers devant les tribunaux de France qu'autant qu'il n'y a pas, en dehors de la règle : *actor
sequitur forum rei*, une disposition spéciale dans la
législation française elle-même qui rend un tribunal
français compétent. Or, l'article 59 du code de
procédure civile déclare compétent, en matière de
société, le tribunal du lieu où elle est établie.

L'article 14 a une portée extrêmement générale;
il rend les tribunaux français compétents pour connaître des procès intentés par des Français contre
des étrangers, quand même la législation française
consacre des règles de compétence spéciales à raison
de la nature de la contestation, règles qui conduiraient, en l'absence de l'art. 14, à attribuer compétence aux tribunaux étrangers. La disposition
spéciale de l'art. 59 C. de Pr. civ. ne concerne que
les sociétés françaises [1].

---

[1] De même et pour des motifs identiques, on doit admettre
qu'en matière de succession, l'art. 14 s'applique même quand il
s'agit d'une succession ouverte à l'étranger. Car, lorsque l'art. 59
C. de pr. civ. attribue compétence au tribunal du lieu de l'ou-

38. Mais, si l'autorisation générale donnée par décret aux sociétés d'un pays étranger leur permet bien d'opérer et de plaider en France, elle n'entraîne pas la faculté de faire négocier en France leurs titres d'actions ou d'obligations. Cette négociation est soumise à des conditions toute spéciales que nous étudierons plus loin en détail. (Voy. n°s 68 et suiv.)

39. La loi du 30 mai 1857 et les décrets rendus en exécution de son article 2 ne se bornent pas à déclarer capables d'agir en France et d'y exercer leurs droits les sociétés étrangères autorisées par le gouvernement français ; ils ajoutent qu'elles jouiront de cette capacité *en se conformant aux lois de l'Empire.*

Il résulte évidemment de ces expressions (personne ne saurait en douter) que, tout au moins sous certains rapports, les sociétés étrangères doivent être régies par les lois françaises. Mais sous quels rapports ? C'est là une question d'autant plus impor-

---

verture de la succession, il ne fait allusion qu'à une succession ouverte en France. (Voy. notamment Paris, 11 décembre 1855. Sir., 56, 2,302.)

On a aussi décidé que les tribunaux français sont compétents pour connaître d'une demande formée par un Français contre un étranger en état de faillite, parce que l'art. 59 qui, en matière de faillite déclare compétents les tribunaux français, ne concerne que les faillites déclarées en France. (Paris, 30 juillet 1869, *Droit* du 12 septembre 1869.)

tante à résoudre qu'elle se présente non-seulement pour les sociétés anonymes étrangères autorisées en vertu de la loi de 1857, mais encore pour toutes les autres espèces de sociétés (sociétés en nom collectif et en commandite).

40. Le rapport de la commission du Corps législatif a cherché à déterminer le sens exact de ces expressions. Il fait d'abord observer qu'elles ont été empruntées à la loi belge du 14 mars 1855 et qu'elles ont donné lieu, dans la chambre des représentants, à une discussion dont il fournit le résumé[1].

---

[1] « Quelle est l'étendue, dit le rapport, qu'il faut donner à « cette expression (lois de l'Empire)? Une disposition semblable « est insérée dans la loi belge ; elle a vivement préoccupé la « commission du sénat de Belgique, après avoir provoqué, « dans la séance de la chambre des représentants du 5 février « 1855, une discussion qui a dû tourner au profit de l'examen « que votre commission avait à en faire également. M. le mi- « nistre des affaires étrangères de Belgique, interrogé sur ce « qu'il entendait par *les lois du royaume*, donna à cette ex- « pression un sens *très-limité*. Ces mots signifiaient, selon lui, « que, pour tous les actes qui se passeront en Belgique, ce ne « sera pas la loi étrangère, mais la loi belge qu'il faudra ob- « server. Le rapporteur de la commission du Sénat leur don- « nait une extension bien autre, en demandant que les sociétés « anonymes françaises placées au même rang que les sociétés « anonymes belges fussent obligées, pour se conformer aux « lois, de se soumettre, comme ces dernières, à toutes les for- « malités de dépôt, de contrôle et de publicité imposées par le « code de commerce. Une autre opinion s'est formulée, qui,

Puis prenant elle-même parti sur le sens de ces expressions, la commission ajoute :

« Votre commission édifiée par ce débat sur les
« difficultés et peut-être aussi sur les inconvénients
« des définitions trop détaillées, pense que les mots
« *lois de l'Empire* ne comportent pas d'exception,
« qu'ils doivent être maintenus dans l'article 1er
« comme une confirmation de ce grand principe que
« nos lois régissent en même temps qu'elles proté-
« gent tous les individus, nationaux ou étrangers,
« qui vivent ou viennent se placer volontairement
« sous leur protection. Il faut les entendre, comme
« les entendait lui-même un des hommes les plus
« éminents de Belgique, *dans leur sens le plus large*
« *et le plus étendu* ; il faut les maintenir aussi pour
« que leur absence ne permette à personne, et sur-
« tout aux sociétés anonymes étrangères, de s'en
« croire affranchies. »

Cette explication est bien loin d'être satisfai-

« sans méconnaître l'utilité et les avantages d'une publicité
« quelconque, faisait remarquer que, si les sociétés étrangères
« n'étaient pas soumises aux mêmes formalités que les belges,
« c'était un avantage de plus en faveur de ces dernières, qui,
« offrant plus de garanties, conserveraient plus de chances de
« préférence. D'autres demandaient seulement l'insertion obli-
« gatoire au *Moniteur* belge des statuts et de l'ordonnance du
« gouvernement français. C'était restreindre un peu trop peut-
« être la portée si large et si complète de cette expression : *lois*
« *du royaume ou de l'Empire.* »

sante. Si on la prenait à la lettre, on serait conduit à exiger que les sociétés anonymes étrangères qui veulent agir en France, se soumettent à *toutes* les lois françaises. Ne serait-ce pas en réalité les empêcher d'opérer chez nous ? Comment une même société peut-elle être soumise à la fois aux lois du pays où elle s'est constituée et aux nôtres ?

Le rapport tombe dans une exagération certaine quand il dit que nos lois régissent tous les individus étrangers ou nationaux qui vivent ou viennent se placer sous leur protection. Parmi nos lois, il n'y a, en principe, que les lois d'ordre public et les lois réelles immobilières qui régissent les étrangers comme les Français (art. 3, C. N.).

41. Pour nous, voici quelle est la portée très-simple de cette disposition : les sociétés étrangères sont soumises aux lois françaises en ce sens que ces sociétés sont régies par ces lois toutes les fois seulement qu'un individu étranger y serait lui-même soumis. Ainsi les lois françaises sont applicables aux sociétés étrangères :

1° Quand, d'après les principes généraux du droit international privé, elles le seraient à des individus étrangers dans des hypothèses analogues.

2° Quand des lois françaises spéciales ont édicté des dispositions concernant particulièrement les sociétés étrangères. (Nous faisons ici allusion aux lois et décrets relatifs à la négociation des valeurs des sociétés étrangères, sur lesquels nous aurons à revenir.)

En réalité, cette interprétation si raisonnable a été consacrée par la cour de Paris (arrêt du 22 février 1866, *Gazette des Tribunaux* du 9 mars 1866). Dans l'espèce, il s'agissait d'appliquer le traité du 30 avril 1862 avec l'Angleterre. Mais ce traité se sert des mêmes expressions que la loi du 30 mai 1857 ; il déclare que les sociétés anglaises ne peuvent agir en France *qu'en se conformant aux lois de l'Empire.* Quelle portée fallait-il donner à ces derniers mots ? La question offrait un grand intérêt au point de vue pénal; une société anglaise ne s'était pas soumise aux prescriptions de la loi du 23 mai 1863 sur les sociétés à responsabilité limitée : des administrateurs avaient laissé opérer des distributions de dividendes non réellement acquis, et des poursuites avaient été en conséquence dirigées contre eux.

La cour de Paris a repoussé les poursuites, en interprétant le traité de la manière suivante :

« Ces expressions « lois de l'Empire » se réfèrent
« tant aux lois générales de police et de sûreté
« qu'à celles qui régissent la propriété immobilière
« et les formes de procédure, mais non aux lois
« particulières qui régissent dans chaque pays la
« constitution même des associations industrielles
« ou commerciales, l'objet de la convention, c'est-
« à-dire du traité, étant d'assurer l'effet desdites
« lois même à l'étranger. »

42. Mais on comprend qu'en dépit de cette règle

générale, on peut, dans des cas particuliers, différer d'avis sur le point de savoir s'il y a lieu d'appliquer la loi française ou la loi étrangère. Nous devons examiner les principaux cas dans lesquels des conflits de ce genre sont susceptibles de s'élever.

Nous prendrons soin, autant que possible, de montrer que les conflits que nous prévoyons peuvent réellement se présenter, en citant les textes mêmes des principales lois étrangères sur les sociétés et en montrant en quoi elles diffèrent des nôtres.

43. Si l'autorisation à donner par le gouvernement aux sociétés étrangères qui veulent opérer en France, devait être spéciale à chacune d'elles, il est certain qu'elle ne serait jamais accordée à une société ayant un objet contraire à notre ordre public. Mais, comme l'autorisation dont parle la loi du 3o mai 1857 est une autorisation générale, s'appliquant à toutes les sociétés d'un certain pays étranger et est accordée sans examen particulier de leurs statuts et de leur objet, une difficulté assez grave peut se présenter. Il est possible que, parmi les sociétés d'un pays auquel le bénéfice de la loi de 1857 a été étendu, il s'en trouve dont l'objet ne soit pas conforme à nos principes d'ordre public et que cependant elles n'aient pas été, par une clause spéciale du décret d'autorisation, exclues de ce bénéfice. Doit-on, à raison de la généralité de ce décret, les admettre soit à opérer en France, soit à agir en justice devant nos tribunaux ?

Cette question n'est sans doute pas susceptible de se présenter très-fréquemment. Car la plupart des principes d'ordre public sont les mêmes chez toutes les nations européennes. Pourtant voici un cas dans lequel notamment elle pourrait se produire.

Chez nous, depuis la loi du 21 mai 1836, les maisons de jeu sont prohibées d'une façon absolue. Il y a, au contraire, des pays, même voisins de la France, où elles sont tolérées. Si une société était formée dans l'un de ces pays pour l'exploitation d'une maison de jeu, pourrait-elle profiter en France de l'autorisation accordée à toutes les sociétés de la même nation[1] ?

Pour résoudre cette question, il est essentiel de remonter à un grand principe qui domine pour ainsi dire tout le droit international privé. Chaque nation est souveraine dans toute l'étendue de son territoire et les différents peuples doivent respecter cette souveraineté en ne méconnaissant pas leur législation respective. C'est à cette condition que la paix peut exister entre les nations : car entre elles comme entre les individus, la concorde ne peut se fonder que sur le respect des droits de chacun .

---

[1] Cette question a été traitée par M. Ballot dans la *Revue de Droit français et étranger* (1849, t. VI), et la solution que nous donnons plus loin est conforme à la sienne.

Toutefois il est bien évident que ce principe ne saurait être absolu, et la France ne peut pas être raisonnablement astreinte au respect de tous les actes passés à l'étranger par cela seul qu'ils sont conformes à la législation étrangère. Elle a un droit légitime au maintien de son ordre public ; et par suite on doit rejeter l'application de la loi étrangère toutes les fois qu'elle pourrait le troubler. Les sociétés étrangères autorisées à agir en France ne pourront donc jouir de cette autorisation qu'en se conformant aux lois d'ordre public. Tous ces principes sont bien certains et il nous reste à les appliquer.

Selon nous, lorsqu'il s'agit d'une société étrangère ayant un objet contraire à l'ordre public français, il faut, pour déterminer sa situation, examiner si la règle d'ordre public français avec laquelle elle est en contradiction constitue une règle de morale absolue, ou au contraire si elle ne se rattache pas à une organisation et à des idées spéciales à la France.

Lorsqu'il s'agit d'une société étrangère dont l'objet est contraire à une règle de morale qu'on peut considérer comme absolue, elle doit être privée de tous droits en France : elle ne pourrait pas y agir en justice même pour des opérations faites à l'étranger. Il en devrait être ainsi, par exemple, d'une société ayant pour objet le trafic des esclaves. L'ordre public français serait troublé par la répulsion légitime qu'inspirerait la seule vue d'une société de ce genre agissant devant nos tribunaux.

Mais quand il s'agit d'une société dont l'objet n'est contraire qu'à une règle d'ordre public toute relative, il faut distinguer selon que l'acte de société doit recevoir son exécution soit en France, soit seulement dans le pays étranger où la société a été constituée.

Dans le premier cas, si la société pouvait agir en France, un trouble tout aussi direct seraitapporté à notre ordre public que s'il s'agissait d'une société française. Cette société étrangère doit donc être privée même du droit de plaider devant nos tribunaux.

Il faudrait donner cette décision notamment pour une société constituée à l'étranger, mais ayant pour but d'exploiter en France des maisons de jeu.

Il en devrait être bien différemment dans le cas où les opérations de la société seraient, d'après ses statuts mêmes, limitées au territoire étranger. Du moment où la société est établie à l'étranger et que les opérations qui constituent l'exécution de l'acte de société doivent avoir lieu seulement hors de France, l'ordre public français ne se trouve nullement compromis. Du reste, comment pourrait-on avoir la prétention de faire respecter les lois spéciales d'ordre public français sur le territoire étranger? La société dont il s'agit doit donc être considérée comme ayant une existence légale, et si elle a des actions à exercer en France, elles seront recevables devant nos tribunaux en vertu de la loi du 3o mai 1857.

Tout en admettant la distinction que nous venons de faire, il est certain qu'on peut différer d'opinion sur son application dans des cas particuliers. Parfois des personnes seront portées à considérer l'objet d'une société étrangère comme contraire à un principe de morale universelle, tandis que, selon d'autres, elle ne contrariera qu'une règle d'ordre public français sans caractère absolu.

Une question de ce genre s'est présentée précisément à propos de sociétés étrangères dont le but était d'établir et d'exploiter hors de France des maisons de jeu. Il nous semble bien que la prohibition de ces sortes d'établissements n'a point le caractère d'une règle absolue de morale et qu'en conséquence, de telles sociétés étrangères doivent être considérées comme existantes en France et avoir le droit d'y agir en justice, dès l'instant que leurs opérations sont restreintes à des pays étrangers.

Des faits multiples démontrent que le jeu ne doit pas être considéré chez nous comme un acte contraire à la morale absolue. Le législateur lui-même (art. 1967, C. N.) refuse l'action en répétition pour ce qui a été payé en vertu d'une dette de jeu, quand le paiement a eu lieu sans dol de la part du créancier. Quant aux maisons de jeu (ou jeux publics), elles sont admises chez des peuples voisins. En France même, les jeux publics de hasard ont été autorisés pendant longtemps par le gouvernement et les droits perçus pour ces autorisations constituaient un revenu de l'Etat.

Cette question a été tranchée en sens contraire par deux arrêts de la cour de Paris. Le premier, du 22 février 1849, consacre la doctrine adoptée par nous (1849, Dall., II, p. 105); le second, du 31 mars 1849 (1849, Dall., II, p. 114), refuse de reconnaître l'existence de la société étrangère.

Toutefois, il ne faut pas se méprendre sur la portée de la solution que nous venons d'adopter. Sans doute, les sociétés ayant pour objet l'exploitation d'une maison de jeu ne doivent pas être considérées comme inexistantes en France, si elles appartiennent à un pays dont les sociétés sont autorisées par décret général à agir en France. Mais cela n'est vrai qu'autant que ces sociétés ne font aucune de leurs opérations sur le sol français et que les demandes formées par elles devant nos tribunaux n'ont pas un objet contraire à notre ordre public. Ainsi une société établie pour l'exploitation d'une maison de jeu à l'étranger ne pourrait pas réclamer en France le paiement d'une dette de jeu, mais rien ne l'empêcherait au contraire d'y plaider, si elle avait quelque contestation à l'occasion, par exemple, de fournitures que lui auraient faites des commerçants français.

44. Pour le mode de preuve du contrat de société, les tribunaux français doivent évidemment s'en référer à la loi du pays où la société a été constituée. C'est une solution à laquelle conduit nécessairement la règle « *locus regit actum* ». A cet égard les principales lois étrangères diffèrent beaucoup des nôtres.

Ainsi le code général de commerce allemand se montre moins sévère que la loi française pour la preuve des sociétés en nom collectif et en commandite. Car il décide que le contrat de société n'a pas besoin d'être constaté par écrit (art. 85 et 150). Une déclaration contenant les conditions principales de la société doit seulement être inscrite sur le registre de commerce déposé au tribunal dans le ressort duquel la société a son siége (art. 86 et 151). Au contraire, le code allemand se montre plus rigoureux que nos lois pour la preuve des sociétés anonymes. Car, chez nous, depuis la loi du 24 juillet 1867 (art. 21), un simple acte sous seing privé suffit même pour les sociétés anonymes, tandis que le code de commerce allemand (art. 208, 2e alinéa)[1] exige que leurs statuts soient constatés par un acte authentique.

---

[1] Allgemeines deutsches Handelsgesetzbuch (art. 208). — Uber die Errichtung und den Inhalt des Gesellshaftsvertrages (statuts) musz eine gerichtliche oder notarielle Urkunde aufgenommen werden. — (La rédaction et les statuts de l'acte de société doivent être constatés par un acte judiciaire ou notarié.)

En Angleterre, pour les sociétés ordinaires ou *partnerships* dans lesquelles les associés sont tenus personnellement et solidairement, mais qui ne constituent pas en principe des personnes morales, aucun écrit n'est exigé. Ce contrat peut être verbal ou résulter implicitement des actes accomplis en commun par plusieurs personnes.

En Italie, d'après le code de commerce de 1865, toutes les sociétés doivent être contractées par écrit (art. 155, 1ᵉʳ alinéa), sans que pourtant un acte authentique soit jamais exigé.

45. Dans notre législation commerciale, une société ne doit pas seulement être constatée par écrit; il faut encore qu'une certaine publicité soit donnée à ses statuts (art. 42 et suiv. C. de Com.; art. 55 et suiv., loi du 24 juillet 1867). Est-il nécessaire que les sociétés étrangères qui veulent profiter du décret d'autorisation pour agir en France, se soient soumises aux formalités de publicité prescrites par nos lois pour les sociétés qui se forment sur notre territoire?

Parmi les sociétés étrangères qui agissent en France, il en est qui y ont simplement des représentants et il en est d'autres qui y ont de véritables succursales. Il est évident que les sociétés de la première sorte n'ont nullement besoin de se soumettre aux formalités de publicité prescrites par nos lois pour les sociétés françaises. Un obstacle de fait s'y oppose. On ne saurait où accomplir ces formalités ; d'après la loi du 24 juillet 1867, elles doivent l'être par les sociétés françaises au lieu de leur siége principal et dans les différents endroits où sont établies leurs succursales (art. 55 et 59.)

Cet obstacle de fait disparaît pour les sociétés étrangères qui ont des succursales en France, mais nous croyons pourtant que, même en ce cas, la dispense de publicité doit être admise, sinon pour des motifs de fait, du moins pour une raison de droit qui paraît décisive. La publicité des sociétés consiste dans un ensemble de formalités qui, en vertu de la règle « *locus regit actum* », ne peuvent être imposées qu'aux sociétés constituées en France. Il serait tout à fait inexact d'opposer à cette solution que, lorsqu'un immeuble situé en France est vendu ou hypothéqué à l'étranger, la transcription et l'inscription qui constituent des formalités de publicité doivent être accomplies au bureau des hypothèques français dans l'arrondissement duquel est situé le bien hypothéqué ou aliéné. Car les lois sur la transcription et l'inscription sont des lois réelles. Il est donc naturel que ces formalités soient régies par la loi du lieu où est situé l'immeuble. Les lois sur la publicité des sociétés n'ont nullement un caractère immobilier [1]. Du reste, c'est là

Voy. en ce sens Duvergier, *Collection des Lois*, 1857, page 115, en note, 2e colonne ; — Fœlix et Demangeat, *Traité de Droit international privé*, édition de 1866, t. Ier, page 33.

la solution à laquelle on se range dans la pratique.

45 *bis*. La règle « *locus regit actum* », qui doit faire dispenser les sociétés étrangères de toute publicité en France conduit nécessairement à les soumettre à la publicité exigée dans le pays étranger, sous les peines mêmes que la loi de ce pays édicte pour le défaut de publicité.

En Angleterre, dans les sociétés ordinaires (*partnerships*), nulle publicité n'est requise pour les statuts, c'est aux tiers qui contractent avec elles à prendre les renseignements qui leur seront nécessaires. Quant aux corporations de commerce (*trading corporations*) qui correspondent à nos sociétés anonymes, elles existent en vertu de lois spéciales. C'est la loi même autorisant la constitution de chacune d'elles qui détermine si leurs statuts doivent être publiés et dans quelles formes ils doivent être rendus publics. Pour les sociétés à responsabilité limitée, elles sont assujéties à l'enregistrement. Dans le cas où elles ne sont pas enregistrées, elles ne sont pas nulles pour cela; mais elles ne constituent pas des personnes morales, et les associés sont tenus même au delà de leurs mises.

Quant aux dispositions des lois allemandes et italiennes sur la publicité, elles sont analogues à celles des nôtres.

46. La loi du 24 juillet 1867 outre l'accomplissement des formalités de publicité (art. 55 et suiv.), exige pour la constitution définitive des sociétés

anonymes et en commandite par actions, la réunion
de conditions toute spéciales dont le but est d'empêcher la fondation de sociétés sans consistance et
sans objet sérieux.

Ainsi elle décide qu'avant que la société soit
constituée, le capital social doit être intégralement
souscrit et que chaque actionnaire doit avoir versé
au moins le quart du montant des actions par lui
souscrites, que l'assemblée générale des actionnaires doit procéder à l'évaluation des apports en
nature faits par des fondateurs ou des avantages
particuliers qu'ils stipulent (art. 14 et 25).

Aucune de ces conditions ne doit, selon nous,
être imposée aux sociétés étrangères qui veulent
agir en France. S'il en était autrement, le but de la
loi du 30 mai 1857 serait complétement manqué.
L'idée du législateur est bien claire. Il a voulu
laisser aux sociétés étrangères une certaine liberté
d'opérer en France ; mais en même temps, dans
l'intérêt des nationaux qui entrent en relation avec
ces sociétés, il a confié au gouvernement le soin
d'examiner si les sociétés des différents pays étrangers sont constituées de façon à ne pas mettre cet
intérêt en péril.

Lorsque le gouvernement autorise les sociétés
d'un pays à agir en France, il reconnaît par cela
même que ces sociétés sont soumises à des règles
donnant toute sécurité aux Français qui pourront
contracter avec elles. Dans l'esprit du législateur

de 1857, il y aurait double emploi en quelque sorte à leur imposer les règles de précaution édictées par nos lois.

On pourrait prétendre que toutes les dispositions dont nous parlons ont un caractère d'ordre public qui doit les rendre applicables même aux sociétés étrangères. Il y a là selon nous une confusion. Elles sont évidemment d'ordre public en ce qui concerne les sociétés françaises. Car pour les sociétés anonymes françaises, elles ont été substituées en quelque sorte à l'autorisation préalable dont la nécessité était, dans l'esprit des rédacteurs du code de commerce, fondée sur des raisons d'ordre public (voy. n° 10). Mais pour les sociétés étrangères, elles ne peuvent pas avoir ce caractère. Le législateur avait pour elles remplacé l'autorisation spéciale exigée pour nos sociétés par une autorisation générale considérée comme son équivalent. Cette autorisation générale, comme nous l'avons indiqué plus haut (n° 25), continue toujours à être exigée.

47. Nous croyons même qu'on doit aller beaucoup plus loin. Selon nous, il ne faudrait pas exiger l'accomplissement de ces conditions même des sociétés en commandite par actions qui, n'étant pas soumises à l'autorisation dans leur pays, ne rentrent pas dans les prévisions de la loi du 30 mai 1857 et qui peuvent, par suite, exercer leurs droits en France sans être autorisées. Il serait tout à fait déraisonnable d'admettre que des sociétés étran-

gères auxquelles on reconnaît le droit d'agir en France, doivent remplir toutes ces conditions minutieuses et artificielles. Autant vaudrait presque leur refuser l'accès sur notre territoire. Une pareille doctrine serait un obstacle insurmontable au développement des relations commerciales internationales. Car il n'y aurait pas de raison pour qu'un système analogue ne fût pas suivi dans chaque pays, et ainsi une société devrait, pour opérer dans tous les pays d'Europe, se soumettre à toutes les conditions exigées pour la constitution des sociétés dans chacun de ces pays!

— Quoi qu'il en soit, on ne peut pas nier une fâcheuse conséquence de ce système sur laquelle nous devons revenir souvent.

Il place en certains cas les sociétés étrangères dans une situation plus favorable que les sociétés françaises. Car les législations de plusieurs peuples voisins sont à cet égard plus libérales que la nôtre.

En Italie, les sociétés anonymes et en commandite par actions sont valablement constituées dès que la souscription des neuf cinquièmes et le versement du dixième du capital social ont été effectués (art. 135, C. de Com. italien de 1865).

En Hollande, toute société anonyme doit être nécessairement autorisée par cela seul que son objet n'est pas contraire à l'ordre public et que les fondateurs possèdent un nombre d'actions représentant au moins le vingtième du capital social.

Mais il ne faut pas donner une portée trop absolue à la doctrine que nous venons d'adopter. Sans doute, pour agir en France comme le feraient des commerçants étrangers, les sociétés d'un pays étranger ne sont pas astreintes à se conformer aux conditions de la loi française que nous avons indiquées ; seulement certaines conditions toute spéciales et analogues à celles-ci sont imposées aux sociétés étrangères, pour que leurs titres deviennent négociables en France (voy. n° 73).

48. C'est encore la loi étrangère qui doit être appliquée, quand il s'agit de savoir si le montant de chaque action n'est point au-dessous du minimum réglementaire. Ainsi la loi du 24 juillet 1867 prescrit que le montant de chaque action soit au moins de 100 francs quand le capital social n'excède pas deux cent mille francs et d'au moins 500 francs quand le capital excède cette somme. (Loi du 24 juillet 1867, art. 1er.) Une société constituée à l'étranger pourrait très-valablement agir en France, alors même que le montant de ses actions serait inférieur à ce taux, si la législation de son pays autorisait l'émission d'actions d'une valeur moindre que celles dont parle la loi de 1867. Les motifs que nous avons donnés au numéro précédent peuvent être répétés ici.

Mais il est encore indispensable d'observer que le taux des actions ne doit pas être inférieur à 500 francs, pour que leur négociabilité dans les bourses françaises soit possible (voy. n° 73) et nous dirons aussi que, selon nous, le gouvernement pourrait s'opposer à l'émission en France d'actions de sociétés étrangères dont le taux ne serait pas conforme au minimum fixé par la loi du 24 juillet 1867 (art. 1ᵉʳ).

48. Ce n'est plus évidemment la loi étrangère qu'il faut consulter, mais bien celle du pays de chacun des actionnaires, quand il s'agit de décider si un actionnaire avait la capacité nécessaire pour s'obliger par sa souscription (art. 3, C. N., alinéa 3).

49. De nombreuses questions peuvent se présenter en ce qui concerne le fonctionnement des sociétés étrangères en France et l'application qui doit leur être faite par nos tribunaux des lois françaises ou des lois étrangères. Le principe général à observer est toujours le même : toutes les fois qu'il ne s'agit pas de questions immobilières ou touchant à l'ordre public, il y a lieu d'appliquer la loi étrangère (voy. d'ailleurs ci-dessus, nᵒˢ 39 et suiv., l'interprétation donnée à la disposition de la loi du 30 mai 1857, qui oblige les sociétés étrangères qui veulent agir en France à se conformer aux lois françaises).

50. Ainsi c'est la loi du pays de la société qui sert à déterminer quelle peut être la forme des actions, notamment si elles peuvent être au porteur aussi bien que nominatives et à partir de quel moment elles peuvent revêtir cette forme dange-

reuse. Peu importe qu'à cet égard la loi étrangère donne une liberté plus ou moins grande. La société n'en peut pas moins agir librement en France.

En Angleterre, dans les sociétés à responsabilité limitée (joint stock companies limited), les actions au porteur sont prohibées d'une façon absolue.

En Allemagne, le code général de commerce se montre plus restrictif pour les sociétés en commandite par actions que pour les sociétés anonymes. Dans les commandites, la forme au porteur n'est point admise [1]. Dans les sociétés anonymes, les actions au porteur sont autorisées; mais en principe leur émission n'est possible qu'après le paiement intégral de leur valeur nominale; toutefois il peut être stipulé que des titres provisoires au porteur seront délivrés après le versement par l'actionnaire des quarante pour cent de son action (art. 222). En Italie, il ne peut être délivré d'actions au porteur qu'après le versement de la moitié au moins de la valeur nominale de l'action.

51. Les actions ou les obligations dans les sociétés françaises produisent au profit de leurs porteurs des avantages de différentes natures qui portent les noms de dividendes, intérêts, lots, etc.

---

[1] **Art. 173**: Die Aktien oder Aktien-Antheile müssen auf Namen lauten. — (Les actions ou coupons d'actions doivent être nominatifs.)

Mais une limite est imposée à ces avantages par nos lois relatives au taux de l'intérêt et par celles qui prohibent les loteries. Dans nos sociétés françaises, l'intérêt payé aux porteurs d'obligations ou aux actionnaires, ne peut dépasser six pour cent et les obligations ou les actions ne peuvent être remboursables avec lots par voie de tirage au sort qu'en vertu d'une loi.

Cependant, il est des pays où le taux de l'intérêt conventionnel est librement déterminé par les parties (il en est notamment ainsi en Hollande, en Angleterre, en Italie, en Espagne et en Belgique) [1]. Il est aussi des pays où les loteries ne sont pas défendues. Dans ces pays, rien n'empêche en principe les sociétés qui s'y fondent soit de payer aux obligataires ou actionnaires des intérêts à un taux supérieur à six pour cent, soit d'attacher des lots à leurs titres sans aucune autorisation.

Mais parmi ces obligataires ou actionnaires peuvent se trouver des Français. S'ils agissent devant nos tribunaux en paiement de leurs intérêts ou des lots qui leur sont échus, ceux-ci pourront-ils ordonner ce paiement, bien que, cependant, cette action dût être rejetée si elle était formée contre

[1] En Angleterre, la liberté du taux de l'intérêt existe depuis 1847, grâce à l'initiative de sir Robert Peel; en Espagne, la réforme date de 1837; en Italie, de 1857; en Belgique, elle a été faite par la loi du 5 mai 1865.

une société française? — Examinons d'abord la question pour les intérêts.

La difficulté dont il s'agit n'est pas spéciale au cas qui nous occupe. Elle se présente dans toutes les hypothèses où un prêt a été fait en pays étranger, et peut être ainsi posée :

La loi du 3 septembre 1807 fixe-t-elle le taux maximum de l'intérêt conventionnel même pour les prêts d'argent faits hors France? Il est évident qu'on ne peut autoriser les actionnaires ou obligataires à réclamer à leur société étrangère devant nos tribunaux des intérêts à un taux supérieur à six pour cent qu'autant que cette question générale est tranchée affirmativement.

Quelques jurisconsultes prétendent que la loi du 3 septembre 1807 régit les prêts d'argent en quelque lieu et au profit de quelque personne qu'ils soient faits. Ils déduisent cette opinion de l'idée que la loi qui fixe le taux de l'intérêt est une loi d'ordre public qui, comme telle, doit être appliquée en France sans aucune distinction (voy. en ce sens de Savigny, *Traité de Droit romain*, traduction Guenoux, t. VIII, p. 273 ; — Demangeat, *Droit international privé*, note sur Fœlix, t. Ier, p. 238; — Bertauld, *Questions pratiques de Code Napoléon*, t. Ier, p. 37 et suiv.).

Nous croyons que c'est là une doctrine inexacte. Comme nous l'avons déjà dit plus haut, il y a deux classes de lois d'ordre public; il y a des lois d'ordre public auxquels le législateur a donné ce caractère d'une façon tellement absolue qu'elles le conservent même à l'égard des actes faits à l'étranger et que les tribunaux français doivent en maintenir l'application en ce qui les concerne. Mais il en est d'autres dont le caractère de lois d'ordre public n'est point aussi général : elles n'en sont revêtues que pour les actes accomplis en France. Du nombre de ces dernières, sont les lois sur l'usure. Le taux de l'intérêt n'a en effet rien d'absolu et d'invariable. Dans chaque pays, pour le déterminer, on tient compte de la plus ou moins grande abondance de l'argent, des risques courus par le prêteur, des avantages obtenus par l'emprunteur. Il ne serait nullement rationnel que le taux légal fondé sur la situation d'un pays fît considérer comme usuraires les intérêts supérieurs à ce taux stipulés pour des prêts faits dans d'autres pays dont la situation est différente et où le maximum du taux de l'intérêt est par suite plus élevé, ou dans lesquels le taux de l'intérêt est même fixé librement par les parties.

Il ne faut pas objecter que ces principes sur les éléments qui déterminent le taux de l'intérêt conduiraient à un système de liberté complète et qu'ils ont été rejetés par la loi française, puisqu'elle fixe un maximum invariable. Il est, au contraire, bien certain que nos lois admettent ces idées, tout au moins dans une certaine mesure. Car, à raison même des risques que courent les prêteurs dans nos colonies, la loi de 1807 n'y est pas applicable. En Algérie jusqu'en 1848, la convention sur le prêt à intérêt faisait la loi des parties, et depuis l'arrêté du pouvoir exécutif du 24 novembre 1848, le maximum du taux de l'intérêt est de dix pour cent. — La limite fixée au taux de l'intérêt conventionnel par la loi du 3 septembre 1807 n'est donc pas applicable aux prêts faits hors de France [1].

Seulement, en faisant aux actions et aux obligations de sociétés étrangères l'application de cette solution, il faut déterminer quel est, pour les actionnaires et obligataires, le lieu où se forme le contrat qu'ils font avec la société pour s'obliger à faire leur versement, en stipulant en retour le paiement d'intérêts. Ce contrat n'est devenu parfait que par la souscription des actionnaires ou obligataires [2]. Les juges français doivent donc exa-

___

[1] Voy. en ce sens P. Pont, *Petits Contrats*, t. Ier, n° 270. — Aubry et Rau, t. Ier, 4me édition, § 31, note 60, p. 105. — Arrêts de la cour de Bastia du 19 mars 1866 et de Lyon du 19 juillet 1866 ; Dall., 2me partie, 1866, pp. 212 et 223). — Bordeaux, 22 août 1865 ; Sirey, 1866, 2me partie, p. 211.

[2] Les auteurs qui se sont occupés de droit international privé reconnaissent en général que, quand une personne offre de contracter dans un lieu et que celle-ci accepte cette offre dans un autre endroit, c'est dans ce dernier que le contrat doit être considéré comme conclu. C'est par application de cette doctrine que nous nous attachons à la loi du lieu de la souscription, et non pas à la loi du pays de la société.

miner le pays dans lequel la souscription a été faite, et ils ne doivent ordonner le paiement d'intérêts au taux fixé dans les statuts qu'autant que ce taux n'est pas supérieur à celui qui est fixé par la loi du pays où la souscription a eu lieu. Ils n'ont pas, au contraire, à tenir compte de la législation du pays où est établie la société.

Du reste, en fait, la question que nous venons d'examiner ne se présentera guère souvent. Car les Français peuvent toujours, en renonçant au droit de citer la société dont ils sont obligataires ou actionnaires devant les tribunaux de France, la poursuivre devant ceux de son pays. Il est évident que c'est ce qu'ils ne manqueront jamais de faire toutes les fois qu'à raison du lieu où leur souscription a été effectuée, les tribunaux français réduiraient les intérêts qui leur sont dus.

En définitive, les actionnaires et les obligataires obtiendront toujours le paiement des intérêts dont le taux n'excèdera pas celui que fixe la loi du pays de la société ; mais ils auront l'ennui en certains cas d'être contraints de s'adresser à un tribunal étranger.

51 *bis*. Sur la seconde question relative aux lots attachés aux actions ou obligations d'une société, il faut poser des principes plus absolus que pour les intérêts supérieurs au taux fixé par la loi française. Comme on l'a très-justement dit, ces actions ou obligations ne sont que des sortes de bil-

lets de loterie. Les motifs de moralité publique sur lesquels sont fondés en France la prohibition des loteries et le refus d'action pour le paiement des dettes de jeu, doivent empêcher les tribunaux français de condamner une société étrangère au paiement des lots échus à un actionnaire ou obligataire français.

Mais ici, comme lorsqu'il s'agit d'intérêts excédant le taux légal, les Français auront toujours le moyen de se faire payer ces lots. Ils n'auront qu'à renoncer au bénéfice de l'art. 14 (C. N.) et à porter leur demande en paiement des lots devant le tribunal du siége de la société.

52. La loi française et la loi du siége de la société diffèrent fréquemment quant à la détermination des personnes qui peuvent valablement être chargées de représenter la société soit dans ses opérations, soit dans ses procès. Elles peuvent aussi contenir des dispositions qui ne soient pas identiques relativement à la qualité des associés tenus des dettes sociales et à la mesure dans laquelle ils sont obligés de les payer. Il faut en pareil cas appliquer la loi étrangère ; car il ne s'agit ici ni de lois d'ordre public, ni de lois immobilières.

Ainsi chez nous, d'après la loi du 24 juillet 1867, les administrateurs de la société anonyme doivent être nécessairement choisis parmi les actionnaires (art. 22, 1er alin.). Mais une société anonyme allemande pourrait très-valablement être représentée en France par ses administrateurs choisis parmi des personnes non actionnaires. Car l'art. 221 (2ᵐᵉ alin.) du code de commerce allemand [1] autorise à prendre les administrateurs parmi des personnes actionnaires ou non.

D'après l'art. 27 de notre code de commerce, les commanditaires ne peuvent faire aucun acte de gestion, même en agissant en vertu d'une procuration formelle des gérants. S'ils contreviennent à cette disposition, ils sont obligés solidairement et au delà de leurs apports, comme s'ils étaient commandités (art. 28). Quand un commanditaire faisant partie d'une société étrangère a contracté avec un Français, pour savoir si celui-ci peut le poursuivre sur tous ses biens en le traitant comme commandité, on doit consulter la législation du pays où la société a son siége. Il est bon de remarquer que précisément à cet égard les lois étrangères sont un peu différentes du code de commerce français.

En Allemagne, le commanditaire qui agit au nom de la société, n'est obligé personnellement et

---

[1] Art. 221, 2ᵐᵉ alin. — Der Vorstand kann aus einem oder mehreren Mitgliedern bestehen; diese können besoldet oder unbesoldet; *Aktionaere oder Andere sein.* — (La direction peut être composée d'un ou plusieurs membres, salariés ou non, *actionnaires ou autres*). Cette disposition ne faisait que reproduire celle de l'art. 31 du code de commerce français abrogé aujourd'hui par l'art. 22 de la loi du 24 juillet 1867.

solidairement qu'autant qu'il n'a pas déclaré expressément agir en qualité de mandataire de la société (art. 167, 3ᵉ alinéa, C. gén. de com.)[1]. En outre, cette immixtion du commanditaire dans les affaires sociales échappe à cette rigoureuse sanction, quand il s'agit d'une commandite par actions (art. 196, 2ᵐᵉ alinéa)[2]. — En Italie, au contraire, les dis-

[1] Nous croyons que les dispositions du code de commerce français sont à cet égard bien préférables et que, dans une bonne législation, les commanditaires ne doivent pas pouvoir faire des actes de gestion même comme mandataires des commandités. S'il doit être défendu aux commanditaires de gérer, c'est sans doute avant tout pour que les tiers ne puissent pas les prendre pour des commandités tenus personnellement et solidairement des dettes sociales. Dans le cas où ils gèrent en vertu d'un mandat formel, cette erreur n'est pas possible. Mais quand il est permis aux commanditaires d'agir comme mandataires de la société, la prohibition de la loi est facilement tournée. Des spéculateurs aventureux agissent au nom d'un gérant sans consistance qu'ils placent à la tête de la société et la dirigent comme ses fondés de pouvoir. Quand une faillite survient, le prétendu commanditaire abandonne à la poursuite des créanciers le gérant ostensible qui n'a aucune solvabilité et, quant à lui, il oppose sa qualité de commanditaire pour limiter à ses apports le montant de ses obligations. C'est un genre de fraude qui s'était produit dans notre ancien droit d'après lequel les commanditaires pouvaient faire des actes de gestion comme mandataires des commandités.

[2] Il est difficile de justifier cette disposition. En Allemagne, les actions dans les commandites devant être nécessairement

positions du code de commerce français sont reproduites par les art. 123 et 128 du code de commerce de 1865, sauf en un point. Par suite de la modification apportée à l'art. 28 de notre code de commerce par la loi du 6 mai 1863, l'associé commanditaire n'est plus de *toute nécessité* tenu solidairement avec les commandités pour *toutes les dettes et engagements de la société*. Il n'est tenu ainsi de plein droit que pour les dettes et engagements dérivant des actes de gestion qu'il a faits; et les tribunaux ont seulement la faculté, selon la gravité et le nombre de ces actes, de le déclarer solidairement obligé *pour toutes* les dettes sociales. L'article 123 du code de commerce italien reproduit au contraire la disposition primitive de l'art. 28, en déclarant tenu de *toutes* les obligations sociales (*per tutte le obbligazioni della società*) le commanditaire qui a fait des actes de gestion.

Toutes ces dispositions doivent être appliquées aux sociétés italiennes et allemandes en comman-

nominatives (art. 173), on peut toujours facilement connaître les actionnaires qui s'immiscent dans la gestion. On ne comprendrait cette disposition que dans une législation comme la nôtre, où, dans les commandites, les actions peuvent être au porteur. Car alors les actionnaires pouvant transmettre leurs actions à des tiers avec une grande facilité, sans qu'il reste aucune trace de la propriété qu'ils en ont eue, la responsabilité personnelle qui résulte de leur immixtion dans la gestion, ne peut guère leur être appliquée.

dite à l'exclusion de celles de notre code de commerce. Ainsi le Français qui aurait contracté avec un commanditaire d'une société allemande muni d'une procuration de la société ne pourrait pas le poursuivre sur ses biens personnels et, à l'inverse, le Français qui aurait contracté avec un commanditaire d'une société italienne serait en droit de le faire considérer comme tenu personnellement et solidairement de *toutes* les dettes sociales.

53. Enfin il y a encore lieu de consulter la loi du pays où s'est constituée la société, pour déterminer si elle constitue une personne morale et peut comme telle être représentée dans les procès qu'elle a à soutenir. A ce point de vue les lois anglaises offrent une particularité remarquable. Chez nous toutes les sociétés commerciales, sauf les associations en participation, constituant des personnes morales, elles sont valablement représentées par leur gérant ou administrateur. En Angleterre, la société qui constitue le type le plus simple et le plus ancien de la société commerciale est celle qu'on désigne sous le nom de *partnership*. Dans cette espèce de société, les associés sont tenus personnellement et solidairement comme dans nos sociétés en nom collectif; mais, à leur différence, les *partnerships* ne constituant pas en principe des personnes morales, tous les associés doivent, par suite, agir ou être actionnés ensemble. Avant 1856, les *partnerships* n'avaient d'autre moyen pour

échapper aux inconvénients que présentait pour elles le refus qu'on leur faisait de la personnalité morale, que de se transformer en corporations par un acte du gouvernement ou par une charte royale. Mais depuis 1856, en faisant enregistrer leurs statuts, ces sociétés ont l'avantage d'acquérir le caractère de personnes morales et dès lors elles peuvent agir en justice par un gérant ou administrateur, sans que l'intervention ou la mise en cause de tous les associés soit nécessaire. Il suit de là que, lorsqu'une société anglaise veut agir en France ou y est actionnée, pour savoir si tous les associés doivent intervenir au procès ou si la société peut agir par l'intermédiaire d'un représentant, il faut rechercher si la société a été ou non soumise à l'enregistrement.

Cette solution n'est nullement en contradiction avec le principe élémentaire de droit international privé selon lequel les formes de procédure sont fixées, non pas par la loi du pays des parties, mais par celle du pays dans lequel le procès est engagé ; *locus regit actum.* Sans doute la question de savoir si tous les associés doivent être assignés collectivement ou si la société peut l'être dans la personne de son représentant, est en elle-même une question de forme ou de procédure. Mais la solution à lui donner dépendant du point de savoir si la société constitue ou non une personne morale, il faut faire abstraction de la règle

« *locus regit actum* », pour rechercher si là société étrangère doit être considérée en France comme une personne morale. Or, les sociétés étrangères dûment autorisées par le gouvernement français conservent certainement leur personnalité, quand elles ont la qualité de personnes morales dans leur pays. Nous rappellerons, en effet, que l'un des buts de l'autorisation est précisément de permettre aux sociétés étrangères de conserver en France leur personnalité et d'y exercer leurs droits comme elles le font dans leur pays.

Quand il s'agit de sociétés qui existent en France sans qu'une autorisation leur soit nécessaire, comme les sociétés dans lesquelles les associés sont tenus tous personnellement des dettes, le principe selon lequel les lois personnelles suivent les étrangers en France, conduit à leur accorder le caractère de personnes morales ou à le leur refuser d'après les dispositions de la loi étrangère.

54. Dans notre droit commercial, la prescription des actions des tiers contre les associés s'accomplit en certains cas par l'expiration d'un délai plus bref que le délai ordinaire de trente ans requis pour la prescription des droits et actions (art. 2262 C. N.). D'après l'art. 64 du code de commerce, toutes actions contre les associés non liquidateurs et leurs héritiers ou ayants cause sont prescrites cinq ans après la fin ou la dissolution de la société, si l'acte de société qui en énonce la durée a été dûment

publié, ou du jour où la publicité légale a été donnée à l'acte qui constate la dissolution.

Lorsqu'un associé est poursuivi devant les tribunaux français, l'application de cette prescription peut présenter d'assez graves difficultés. Il peut se faire que la loi du pays où la société s'est constituée n'admette pas cette prescription de faveur ou, au contraire, l'admette dans des cas où elle n'est point applicable d'après la loi française. Quelle loi devront appliquer les tribunaux français saisis d'une action contre un associé ? Cette question peut se présenter notamment à l'occasion des sociétés en commandite allemandes. Car, à l'égard de ces sociétés, les principes de la prescription du code de commerce allemand et de notre code sont très-différents. Chez nous, cette prescription de cinq ans ne s'applique qu'au profit des associés tenus personnellement et solidairement des dettes sociales (en conséquence aux commandités et pas aux commanditaires) [1]. Au contraire, d'après le nouveau code de commerce allemand, la prescription quinquennale est opposable par tous les associés, c'est-à-dire même par les commanditaires [2]. Si donc l'on

___

[1] Telle est l'opinion la plus rationnelle. Elle est admise par MM. Bravard et Demangeat (*Traité de Droit commercial*, tome Ier, p. 441 et suiv.).

[2] Nous lisons en effet dans l'art. 172 du code général de commerce allemand : Was bei der offenen Gesellschaft... über die Verjährung der Klagen gegen die Gesellschafter bestimmt

suppose qu'un Français commanditaire dans une
société allemande soit poursuivi en France en versement de sa mise, il y a lieu de rechercher si le
tribunal français saisi de cette demande devra appliquer la prescription de cinq ans ou au contraire
l'écarter.

Cette question se rattache à une difficulté générale qui fait encore aujourd'hui l'objet de vives
discussions. Quand une obligation est contractée
dans un pays et que dans ce pays la prescription
diffère de celle qui est établie dans le lieu où l'action est intentée, ou quand la loi sur la prescription du pays du créancier et du pays du débiteur
sont différentes, laquelle de ces prescriptions doit-

ist, gilt auch bei der Commanditgesellschaft in betreff aller Gesellschafter. (Les dispositions relatives à la prescription des actions contre les associés dans les sociétés en nom collectif s'appliquent dans les sociétés en commandite à tous les associés.) Et
l'article 146 dispose précisément que, dans les sociétés en nom
collectif (*offene Gesellschaften*), les actions contre les associés
se prescrivent par cinq ans à partir de la dissolution de la société. Mais il faut remarquer que cette prescription de cinq ans
ne peut pas être opposée aux créanciers sociaux tant que le
partage du fonds social n'a pas été opéré, si du moins ils se bornent à réclamer leur paiement sur les biens de la société. C'est
ce que décide formellement l'art. 147 du code général de commerce. (Ist noch ungetheiltes Gesellschafts-vermoegen vorhan-
den, so kann dem Glaeubiger die fünfjaehrige Verjaehrung nicht
entgegengesetzt werden, sofern er seine Befriedigung nùr aus
dem Gesellschafts-vermoegen sucht.)

on appliquer ? Des théories très-différentes ont été soutenues sur ce point. Nous nous bornerons à mentionner ici les principales, en montrant les applications auxquelles elles conduisent au point de vue qui nous occupe, et nous déterminerons celle qui nous paraît préférable.

A. — D'après une doctrine ancienne, il faudrait, pour fixer la durée de la prescription, s'attacher à la loi en vigueur dans le pays où le créancier a son domicile. Cette doctrine est surtout fondée sur l'idée que la prescription dépouille d'un droit le créancier et qu'une personne ne peut se trouver privée d'un droit qu'en vertu d'une loi à laquelle elle est soumise. Il résulterait de là que, dans notre hypothèse, on devrait admettre ou rejeter la prescription quinquennale selon qu'elle serait admise ou rejetée par la loi du pays du créancier qui poursuit l'associé.

Cette opinion est aujourd'hui repoussée par tous les auteurs. Comme le fait très-justement remarquer M. Labbé [1], la prescription n'anéantit pas le droit du créancier, elle fournit seulement au débiteur une exception contre l'action en justice. Du reste, la prescription modifie tout aussi bien la situation du débiteur que celle du créancier. Quand les lois des pays de ces deux personnes sont diffé-

---

[1] V. Dissertation sur un arrêt de la cour de cassation du 13 janvier 1869, p. 49 et suiv. — Sir., 1869, partie 1re.

rentes, on ne voit pas la raison décisive qui peut faire préférer la loi du pays du créancier à celle du pays du débiteur.

B. — On a proposé un second système d'après lequel on devrait faire abstraction de la loi des domiciles soit du créancier, soit du débiteur ; il faudrait s'attacher exclusivement à la loi en vigueur dans le pays où a été contractée l'obligation à l'exécution de laquelle le débiteur veut se soustraire en opposant la prescription. Avec cette doctrine, on devrait appliquer ou non aux associés poursuivis par les créanciers la prescription de cinq ans suivant les dispositions de la loi commerciale du lieu de la souscription des actions. Car c'est en ce lieu que s'est formé le contrat qui est intervenu entre la société et l'associé.

La base même de cette opinion est erronée. Elle invoque un principe général d'interprétation qui ne saurait avoir aucune application à la question.

Les conventions, dit-on, s'interprètent par la loi du lieu dans lequel elles ont été passées ; c'est à cette loi, par suite, qu'il faut se référer pour fixer l'étendue et *la durée* même des effets des obligations dérivant des contrats.

Il est sans doute parfaitement vrai que les effets des contrats se déterminent en général par la loi du lieu où ils se sont formés. Mais la raison sur laquelle est fondée cette règle indique très-bien la portée restreinte qu'il faut lui reconnaître. Il n'en est ainsi que parce qu'en général les effets des contrats sont déterminés par la volonté des parties, et que celles-ci se sont référées à la loi en vigueur dans le pays où elles ont contracté.

Mais la prescription n'est pas, en principe, réglée par la volonté des parties. Car un débiteur ne peut pas à l'avance y renoncer (art. 2220 C. N.). Il n'est donc nullement rationnel de considérer la loi du lieu du contrat pour fixer la durée de la prescription.

C. — Le système qui nous paraît de beaucoup préférable est celui qui s'attache à la loi du pays où le débiteur est poursuivi. Il est en effet naturel que ce soit le législateur du pays qui permet au créancier d'agir en justice qui lui fixe le délai dans lequel il devra exercer son action à peine de déchéance. La prescription est fondée principalement sur la crainte qu'au bout d'un certain laps de temps les preuves des droits manquant, les tribunaux rendent des décisions erronées. Les juges devant lesquels un procès est porté doivent évidemment sur ce point ne consulter que les vues du législateur qui les a institués.

Avec cette opinion, la prescription qui s'applique au profit des associés peut être différente suivant les lois du pays où ils sont actionnés. Cette variété dans les prescriptions offre des inconvénients très-graves pour les sociétés elles-mêmes. Les tiers qui contractent avec elles ne savent pas par quel laps de temps se prescriront leurs actions contre les associés; cela dépend exclusivement du pays dans lequel ils sont actionnés. Quand il s'agit de sociétés de personnes, les créanciers peuvent se renseigner très-facilement. Car les associés ne changent pas. Mais dans les sociétés par actions, il est impossible aux tiers de savoir exactement à l'avance quels associés ils auront à poursuivre; car, dans ces sociétés, ceux qui étaient actionnaires au moment où la société a contracté des obligations envers un tiers, peuvent avoir cédé leurs actions à des personnes qui résident et doivent être actionnées dans un tout autre pays.

Cette incertitude qui règne sur la prescription à laquelle sont soumises les actions des tiers contre les associés peut porter préjudice au crédit des sociétés. Le seul moyen d'éviter ce résultat serait d'obliger les actionnaires, en souscrivant, de faire élection de domicile au siége de la société, de façon à ce que toutes les actions qui seront exercées par des tiers contre des associés quelconques, soient portées devant le même tribunal et soient soumises par suite à une prescription identique.

Cette élection de domicile ne serait pas opposable seulement aux actionnaires souscripteurs. Les règles élémentaires sur les effets de la cession conduisent à la rendre opposable même aux actionnaires subséquents, cessionnaires des souscripteurs. En vertu de la règle « *nemo plus transferre potest*

quam ipse habet », les souscripteurs n'ont pu transfé-
rer leurs actions qu'avec toutes les conditions qui
leur avaient été imposées lors de la souscription.

55. Une société commerciale étrangère ayant
l'exercice de ses droits en France peut y acquérir
des immeubles. Pour faire des acquisitions immobilières, l'autorisation générale qui a été accordée
aux sociétés de son pays est suffisante ; elle n'a pas
besoin d'être spécialement autorisée à cet effet.
Car la loi française ne prescrit d'autorisation de
ce genre que pour les établissements religieux et
d'utilité publique (voy. page 23, note sur les dispositions des lois prussiennes en cette matière).

Les sociétés anonymes françaises qui ont acquis
des immeubles en France sont assujéties à un double impôt. Elles doivent payer l'impôt foncier et
en outre une taxe annuelle calculée à raison de
62 centimes et demi pour franc du principal de la
contribution foncière, à laquelle on donne le nom
de taxe des biens de main-morte (L. du 16 janvier
1849). Il va de soi que les sociétés étrangères sont
soumises aux mêmes droits. Car, d'un côté, les lois
qui établissent l'impôt foncier sont des lois essen-
tiellement immobilières qui régissent les étrangers
comme les Français (art. 3 C. N.). Et d'un autre
côté, *la taxe des biens de main-morte* est assimilée à
la contribution foncière [1].

---

[1] Cette taxe est à tel point assimilée à la contribution foncière

Du reste, cette taxe a été établie au profit du Trésor pour remplacer sur les biens des personnes morales les droits de mutation qu'elles ne subissent jamais, parce que ces personnes ne meurent pas et n'aliènent guère leurs biens. L'acquisition d'immeubles situés en France par une société anonyme étrangère fait éprouver à cet égard au Trésor le même préjudice que l'acquisition d'immeubles par une société anonyme française ; il est naturel qu'il soit réparé par le même moyen, c'est-à-dire par la perception d'une taxe de main-morte.

56. Les sociétés anonymes de commerce françaises sont assujéties, en outre, tout comme les particuliers, à l'impôt de la patente. Il est évident que les sociétés anonymes étrangères sont soumises à ce même impôt. L'art. 1er de la loi du 25 avril 1844 déclare assujéti à la contribution des patentes tout individu non-seulement Français, *mais même étranger*, qui exerce en France un commerce, une industrie ou une profession non comprise dans les exceptions déterminées par elle. Il va de soi que les seules sociétés étrangères assujéties à la patente sont celles qui ont en France au moins un établissement. Les sociétés qui opèrent en France sans y avoir aucun établissement n'y sont pas soumises.

que les biens exemptés à titre temporaire de la contribution foncière sont par cela même affranchis de la taxe des biens de main-morte (arr. du conseil d'Etat du 30 mai 1861).

Car pour ces sociétés la base même du droit proportionnel, qui est le loyer d'habitation, fait complétement défaut.

On pourrait toutefois éprouver quelque difficulté pour fixer avec précision la quotité du droit de patente à percevoir sur les sociétés étrangères. Voici comment la difficulté pourrait naître. La loi fixe d'une manière toute spéciale la quotité du droit de patente à percevoir sur les sociétés anonymes françaises qui ont en France un établissement principal et des succursales. Ces sociétés doivent naturellement payer un droit proportionnel calculé sur le loyer de chacun de ces établissements. Mais quant aux droits fixes, par une faveur particulière du législateur, elles ne sont pas tenues d'en payer autant qu'elles ont d'établissements distincts. Suivant l'article 9 de la loi du budget du 4 juin 1858, le patentable ayant plusieurs établissements est imposable au droit fixe entier pour l'établissement donnant lieu au droit fixe le plus élevé soit en raison de la population, soit en raison de la nature du commerce, de l'industrie ou de la profession. Pour chacun des autres établissements, il est seulement imposable *à la moitié du droit fixe* afférent au commerce, à l'industrie ou à la profession qui y sont exercés.

En présence de cette disposition spéciale, on peut se demander comment il faut traiter, au point de vue de la patente, la société étrangère qui a en

France un établissement. Faut-il ne lui faire payer qu'un demi-droit fixe ? On pourrait être tenté de le soutenir, en faisant observer que cet établissement n'a que le caractère d'une succursale, puisque le siége principal de la société est à l'étranger.

Il est, au contraire, plus rationnel d'imposer la société étrangère pour son établissement français à la totalité du droit fixe de patente. Plusieurs motifs conduisent à cette solution, qui est admise en fait par l'administration. D'abord, la réduction du droit fixe de patente à la moitié est une faveur accordée aux sociétés françaises qui seraient par trop surchargées, si elles devaient payer un droit fixe entier pour chacun de leurs établissements. On n'a pas à craindre de grever outre mesure la société étrangère en l'imposant à un droit fixe de patente entier pour son établissement français. Car le Trésor français ne perçoit aucun droit pour le siége principal, qui est à l'étranger, et on comprend que l'administration n'a nul compte à tenir des impôts que la société peut payer ou non dans le pays étranger. En outre, le demi-droit fixe auquel sont assujéties les sociétés françaises pour leurs succursales est en quelque sorte l'accessoire du droit fixe entier payé pour l'établissement donnant lieu au droit le plus élevé. Il ne serait pas logique de faire payer à la société un simple demi-droit fixe (c'est-à-dire le droit accessoire), alors qu'elle ne paie

point de droit fixe entier (c'est-à-dire le droit prin-
,cipal).

Mais les motifs mêmes de la loi reparaissent
quand il s'agit d'une société anonyme étrangère
ayant en France plusieurs succursales. Il est évident qu'alors, pour ne pas grever outre mesure la
société étrangère, on doit lui faire payer un droit
fixe entier pour l'établissement le plus imposé et
un demi-droit fixe pour chacun des autres.

57. Nous avons vu précédemment (n° 28) que
parfois les statuts des sociétés étrangères indiquent
expressément que, par dérogation à l'art. 14 du
code Napoléon, les contestations sociales ne devront
pas être portées devant un tribunal français. Cette
convention, avons-nous dit, est parfaitement valable et opposable aux actionnaires. Mais il arrive
très-souvent que les statuts ne se bornent pas à
déclarer l'incompétence des tribunaux français; ils
ajoutent que les contestations sociales devront être
portées devant des arbitres, et non point devant le
tribunal du siége de la société. Cette clause est
celle qu'on désigne sous le nom de clause compromissoire.

Cette clause compromissoire est généralement
considérée comme nulle, quand elle est insérée dans
les statuts d'une société *française*. Elle est en effet
contraire aux prescriptions de l'art. 1006 du code
de procédure civile. Car il exige, pour la validité
du compromis, qu'il désigne l'objet du litige. Or,

la clause compromissoire ne peut satisfaire à cette condition, puisqu'au moment de la constitution de la société on ignore nécessairement la nature et l'objet des contestations auxquelles son fonctionnement pourra donner lieu [1].

En reconnaissant la nullité de la clause compromissoire insérée dans les statuts d'une société française, doit-on l'admettre également pour celle qui se trouverait dans les statuts d'une société étrangère [2]?

Plusieurs personnes ont proposé de ne pas trancher la question d'une façon absolue, mais de faire une distinction. Selon elles, pour savoir si la clause compromissoire est opposable par la société au Français demandeur, il faudrait rechercher si la législation en vigueur, non pas dans le lieu où est le siége de la société, mais dans le pays où le demandeur a souscrit son action, admet la validité ou consacre la nullité de la clause compromissoire. Elle ne lui serait pas opposable si, d'après la législation du lieu où la souscription a été faite, la clause compromissoire était nulle, alors même que sa validité serait reconnue par les lois du pays de la société. On prétend faire reposer cette distinction sur un

[1] Quelques auteurs admettent cependant la validité de la clause compromissoire insérée dans un acte de société (voy. en ce sens Bravard-Veyrières et Demangeat, t. Ier, *Traité de Droit commercial*, pp. 481 et suiv.)

[2] Il y a des pays où la clause compromissoire est formellement autorisée. Il en est notamment ainsi en Italie.

principe général de droit international privé. La règle *locus regit actum,* dit-on, ne régit pas seulement les formes des contrats, elle s'applique aussi à leurs conditions essentielles. Pour juger de la validité de la clause compromissoire, il faut donc s'attacher à la loi du pays où la souscription a été effectuée.

Le principe invoqué à l'appui de la distinction proposée est sans aucun doute juste en lui-même. Mais nous ne pensons pas qu'il doive recevoir ici son application ; il est préférable de reconnaître dans tous les cas la validité de la clause compromissoire, même lorsque la loi en vigueur dans le pays où la souscription a eu lieu ne la consacrerait pas. La clause compromissoire a, en définitive, deux buts différents : elle se propose avant tout d'écarter la compétence des tribunaux français (art. 14 C. N.), et en second lieu elle contient attribution de compétence à des arbitres étrangers.

La première partie de la clause compromissoire est parfaitement valable ; car ce n'est qu'une renonciation de la part des Français actionnaires au bénéfice de l'article 14 C. N. Cette clause doit donc entraîner l'incompétence des tribunaux de France. Dès lors à quoi leur servirait-il de prononcer la nullité de la seconde partie de la clause ? Dès l'instant que nos tribunaux seraient dessaisis, les tribunaux étrangers devant lesquels l'action serait portée, ne manqueraient pas de renvoyer l'affaire devant des arbitres, si la législation de leur pays n'y mettait pas obstacle.

La jurisprudence ne s'est pas jusqu'ici prononcée d'une manière uniforme sur cette question. Ainsi des arrêts ont admis la nullité de cette clause compromissoire (Paris, 8 novembre 1865; Sir., 1866, partie 2me, p. 117 et suiv.), d'autres en ont consacré la nullité (Paris, 11 janvier 1865; Sir., 1866, partie 2me, p. 147; — Paris, 18 mai 1867). On a prétendu [1] que l'opposition apparente entre ces décisions provenait de ce qu'elles avaient statué dans des hypothèses différentes. Celles qui admettent la validité de la clause compromissoire auraient été rendues contre des actionnaires ayant fait leurs souscriptions dans un pays où cette clause est reconnue. Au contraire, celles qui ont déclaré sa nullité auraient été rendues dans des cas où les actionnaires avaient souscrit en France. Cette sorte de conciliation n'est guère admissible. Si elle était juste, chaque décision aurait dû rappeler le pays où la souscription des actionnaires avait été effectuée. Or, il en est qui ne contiennent aucune mention à cet égard et qui sont conçues dans les termes les plus généraux. La jurisprudence n'est donc pas en réalité fixée.

Quand une clause compromissoire se trouve dans

[1] Voy. Buchère, *Traité des Valeurs mobilières*, p. 220, n° 482.

les statuts d'une société étrangère, une fois que sa validité est admise, des questions tout à fait analogues à celles qui se posent pour fixer les effets de la clause qui attribue compétence au tribunal du siége de la société, peuvent se présenter. Ainsi il y a lieu de se demander à quelles contestations la clause compromissoire est applicable et quelle est la nature de l'exception d'incompétence opposable par la société étrangère qui veut faire valoir cette clause. A cet égard, nous ne pouvons que nous référer à ce qui a été dit sur le cas où les statuts déclarent compétents les tribunaux étrangers (voy. n°ˢ 33 et suiv.). Il faut donc décider que la clause compromissoire ne s'applique qu'aux contestations sociales proprement dites et que l'incompétence des tribunaux de France est une incompétence *ratione personæ*.

B. *Condition légale, en France, des sociétés étrangères non autorisées, ni par décret, ni par traité, à y exercer leurs droits.*

58. Questions à résoudre pour fixer la condition de ces sociétés.

59. Discussion sur leur droit d'agir en France. — Exposé du système d'après lequel elles pourraient y exercer leurs droits.

60. Le droit d'opérer et d'agir en France doit leur être refusé en principe.

61. Cependant les sociétés étrangères non autorisées en

France doivent être, tout au moins, traitées comme des sociétés de fait, quand elles y ont opéré.

62. La nécessité pour les sociétés étrangères de se faire autoriser n'a guère de sanction que dans leur incapacité de plaider.

63. Toutefois, comme sociétés de fait, elles peuvent plaider en qualité de défenderesses.

64. Bien qu'elles ne puissent pas en principe intenter de demandes devant nos tribunaux, quand elles y sont actionnées, elles ont le droit de former des demandes reconventionnelles ou en garantie.

65. Les sociétés étrangères non autorisées ne peuvent pas intenter de demandes en France, alors même qu'un traité donnerait à leurs nationaux le droit de plaider en France comme des Français.

66. Les sociétés anonymes étrangères non autorisées en France y constituent-elles des personnes morales et peuvent-elles comme telles être actionnées dans la personne de leurs administrateurs? Les actionnaires ne peuvent-ils pas être déclarés par les tribunaux français tenus des dettes sociales au delà de leurs apports?

58. Nous ne nous sommes occupé jusqu'à présent que des sociétés autorisées à agir en France. Nous devons maintenant examiner quelle est la situation légale des sociétés étrangères, lorsqu'un décret n'a pas étendu au pays où elles sont établies le bénéfice de la loi du 30 mai 1857, et qu'elles n'ont pas non plus été habilitées par un traité. La question capitale qui se pose pour elles est analogue à celle qui se présentait pour les sociétés anonymes de tous les pays avant 1857 (voy. ci-dessus

nᵒˢ 8 et suiv.). Ont-elles en France une existence légale, peuvent-elles y faire leurs opérations et y agir en justice?

59. Les jurisconsultes sont bien loin d'être d'accord sur la solution à donner à cette importante question.

Quelques-uns [1] soutiennent que ces sociétés non autorisées conservent en France le droit d'agir comme le peuvent faire les sociétés en nom collectif. Selon eux, les principes du droit international privé conduisaient à cette solution avant 1857, et la loi rendue à cette époque n'aurait point du tout modifié cet état de choses. Voici seulement ce que se serait proposé cette loi. Avant elle, les sociétés anonymes étrangères avaient bien la capacité d'agir en France sans aucune condition ; mais leur capacité n'étant pas fondée sur un texte exprès de la loi, pouvait être d'un moment à l'autre méconnue par suite d'un changement de jurisprudence. Un changement de ce genre s'était même produit dans les décisions de la cour de cassation de Belgique (voy. nᵒ 15). La loi de 1857 aurait eu pour objet de donner aux gouvernements étrangers le moyen d'assurer leurs sociétés contre des modifications de jurisprudence de cette nature, en les faisant autoriser par un décret général de

[1] Voy. Alauzet, *Comment. du C. de Com.*, t. Iᵉʳ, nᵒˢ 631 et 636.

notre gouvernement. Quant aux sociétés des pays qui n'ont pas profité pour leurs sociétés de la loi de 1857, elles conserveraient toujours, comme avant cette loi, le droit d'agir en France, mais leur droit se trouverait seulement subordonné à la jurisprudence dont les variations sont possibles.

On pourrait même citer en faveur de cette doctrine les passages suivants du rapport fait au Corps législatif :

« Le projet de loi qui vous est soumis a pour « objet d'assurer d'une manière légale et par con- « séquent plus positive aux sociétés anonymes « étrangères cherchant à étendre leurs relations « sur le territoire français le droit d'ester en jus- « tice dont elles ont joui néanmoins de tout temps « grâce à la tolérance du gouvernement français « et à la jurisprudence constante de nos tribunaux.

« *Elles en jouissaient par tolérance ; elles en joui-* « *ront légalement* sous la seule, mais importante, « condition de se conformer aux lois de l'Empire. »

60. Cette opinion est contraire aux principes du droit international et au but de la loi de 1857. Les sociétés anonymes étrangères non autorisées par décret, ni par traité, n'ont point en France d'existence légale, et, par suite, elles n'y peuvent, en principe, opérer ni agir en justice[1].

Voy. en ce sens Aubry et Rau, *Cours de Droit civil fran-* *çais*, 4me édition, t. Ier, § 54, p. 188 et note 23.

Les sociétés anonymes étrangères non autorisées ont dû rester, depuis 1857, dans la même situation que sous l'empire de la législation antérieure. Or, nous croyons avoir démontré (voy. n° 10) que, selon les principes du droit international privé, avant 1857, une société anonyme étrangère non munie de l'autorisation du gouvernement français ne pouvait pas opérer sur notre territoire.

Du reste, les rédacteurs de la loi de 1857 ont reconnu les dangers de la jurisprudence antérieure de nos tribunaux et leur but a été d'y porter remède. Il n'aurait certes pas été atteint, s'ils leur avaient laissé la faculté d'y persévérer. L'intention du législateur est d'autant plus manifeste qu'à plusieurs reprises il a condamné, au point de vue rigoureusement juridique, la jurisprudence qui reconnaissait sans aucune condition l'existence légale des sociétés anonymes étrangères en France. Ainsi notamment le rapport présenté au Corps législatif la qualifie de jurisprudence *plus généreuse qu'exacte*.

La jurisprudence actuelle elle-même consacre cette solution, bien que cependant, avant 1857, elle admît les sociétés anonymes étrangères à agir en France sans aucune autorisation. Les arrêts rendus depuis 1857 font très-justement observer que, quand même, avant cette époque, on pouvait reconnaître, comme le faisaient nos tribunaux, l'existence légale des sociétés anonymes étrangères sur notre territoire, aujourd'hui on doit conclure par *a contrario* de la loi du 3o mai 1857 que les sociétés non autorisées ne jouissent pas du droit d'agir en France (voy. notamment arr. de rejet, Ch. des req.; 1ᵉʳ août 1860; Sir., 1860, partie 1ʳᵉ, p. 865; — arr. de cass. Ch. civ., 19 mai 1863; Sir., 1863, part. 1ʳᵉ, p. 353 et suiv.).

61. Les sociétés anonymes étrangères non autorisées par décret ou par traité n'ont donc pas en France d'existence légale. Est-ce à dire que ces sociétés doivent y être considérées comme complétement inexistantes ? Il est évident qu'en allant jusqu'à cette conséquence extrême, on pourrait aboutir à des résultats d'une flagrante iniquité. Si ces sociétés étaient réputées n'avoir absolument aucune existence, elles ne pourraient pas plus être actionnées devant nos tribunaux comme défenderesses qu'elles ne pourraient y agir comme demanderesses. Et ainsi, une société étrangère obligée envers des Français, fût-ce même par des délits ou des quasi-délits, échapperait à l'exécution de ses obligations ! Les ouvriers français qui auraient travaillé pour une société de ce genre pourraient se voir impunément refuser le paiement de leurs salaires !

Des décisions généralement adoptées dans des hypothèses analogues à la nôtre montrent bien que la méconnaissance absolue de l'existence des sociétés anonymes étrangères non autorisées en France ne saurait être admise.

Il est en effet un assez grand nombre de circonstances dans lesquelles des sociétés françaises se trouvent dans une situation ayant la plus grande analogie avec celle des sociétés étrangères dont nous parlons. Tels sont notamment les cas dans lesquels des sociétés anonymes françaises (avant 1867) ou des communautés religieuses auraient été établies et auraient fonctionné sans être autorisées par le gouvernement.

Il est évident que ces sociétés ou communautés étant frappées de nullité ne peuvent être traitées comme ayant une existence légale. Mais en définitive elles ont été établies et elles ont fonctionné ; il y a là des faits dont on ne saurait faire abstraction. Aussi reconnaît-on que, dans tous ces cas, les sociétés qui ne constituent certainement pas *des sociétés de droit*, doivent être considérées et traitées comme *des sociétés de fait*[1].

Il n'y a aucun motif pour ne pas reconnaître la même qualité de *société de fait* aux sociétés anonymes étrangères non autorisées à agir en France. La difficulté est seulement de déterminer avec précision, ainsi que nous l'avons dit précédemment (voy. n° 12), quels sont les effets attachés *à ces sociétés de fait* et sous quels rapports elles diffèrent des sociétés de droit.

[1] Ch. civ. rej. 30 décembre 1857 ; Dalloz, 1858, 1re partie, p. 22. — Paris, 8 mars 1858 ; Dalloz, 1858, 2e partie, p. 49. — Orléans, 30 mai 1857 ; Sir., 1857, 2e partie, p. 288.

62. Ces sociétés non autorisées ne peuvent pas opérer en France. Mais c'est là une règle qui n'a guère qu'une portée théorique. Car le gouvernement ne dispose pas de moyen direct pour mettre obstacle à leurs opérations [1]. Il ne peut guère prendre que des mesures ayant une portée tout à fait secondaire pour les entraver. C'est ainsi qu'en 1820, le Ministre de l'Intérieur fit défense à une société anglaise (*le Phénix*) d'apposer en France des plaques portant son nom.

Quant aux Français qui ont contracté avec elles, rien ne les empêcherait de demander la nullité de leurs contrats. Mais c'est là un remède qui causerait parfois aux Français eux-mêmes un grave préjudice ; et ils ne pourraient pas en être indemnisés, si la société étrangère non autorisée n'avait pas en France une certaine existence de fait qui permît de mettre des obligations à sa charge.

Il résulte de là que c'est surtout au point de vue judiciaire, c'est-à-dire au point de vue de leur condition devant nos tribunaux, qu'il est important d'examiner spécialement les règles applicables aux sociétés anonymes étrangères dépourvues d'autorisation en France.

[1] C'est ce que constatait très-justement le Ministre du Çommerce en 1845, dans une réponse à la chambre de commerce de Gray ; il disait que, contre les opérations faites en France par des sociétés anonymes non autorisées, il n'y avait pas de moyens de répression.

63. La question principale qui se pose à cet égard est celle de savoir si ces sociétés de fait sont d'une façon absolue privées du droit d'agir en justice. Nous croyons avec la cour de cassation qu'en ce point une distinction doit être faite. Ces sociétés ne peuvent pas agir en France comme demanderesses contre des Français, en vertu de l'article 15 du code Napoléon ; mais au contraire des Français sont très-bien en droit de les actionner en France pour l'exécution des obligations qu'elles ont contractées envers eux, conformément à l'article 14 du code Napoléon.

On a cependant cherché à contester que cette distinction soit fondée [1]. La société étrangère non autorisée, a-t-on dit, existe ou n'existe pas en France. Si on la considère comme existante, pourquoi ne pas la déclarer capable de plaider comme demanderesse aussi bien que comme défenderesse?

La réponse à cette objection est bien simple. Les sociétés étrangères qui ne se sont pas munies de l'autorisation de notre gouvernement ont commis une négligence qui ne saurait les soustraire sans injustice à leurs obligations. Il est donc impossible de ne pas permettre à des Français de les actionner en France. Mais, d'un autre côté, si ces sociétés étaient capables d'agir en France contre des Fran-

---

[1] Voy. article de M. Ballot, *Revue pratique de Droit français*, t. XVII, pp. 90 et suiv.

çais, il n'y aurait pas de différence réelle entre elles et les sociétés étrangères qui ont été dûment autorisées. Car, comme nous l'avons dit, le gouvernement français n'a pas de moyen direct d'empêcher une société étrangère de faire des opérations sur notre territoire.

Ainsi, si l'on permettait aux sociétés étrangères non autorisées de plaider en France en toute qualité, on arriverait à laisser la loi de 1857 sans sanction sérieuse. D'un autre côté, si l'on fermait complétement à ces sociétés l'accès de nos tribunaux, on aboutirait à une véritable iniquité.

La sanction de la loi de 1857 est donc dans le refus que doivent faire les tribunaux français de condamner les personnes obligées envers des sociétés étrangères non autorisées. Ces obligations se trouvent ainsi, tout au moins en France, frappées d'une sorte de nullité.

64. Tel est le système que la loi de 1857 a, d'après nous, consacré [1]. Mais il peut rencontrer dans

---

[1] C'est en ce sens que la jurisprudence semble fixée après quelques variations depuis l'arrêt de cassation du 19 mai 1863 qui déclare que les sociétés étrangères non autorisées peuvent plaider comme défenderesses. — Voy. Cass. Arr. du 19 mai 1863 ; Sir., 1863, part. 1re, p. 333. — 14 nov. 1864 ; Sir., 1865, 1, p. 135. — Paris, 8 avril et 9 mai 1865 ; Sir., 1865, 1, p. 210.

Mais avant l'arrêt de cassation de 1863, quelques Cours avaient

l'application quelques difficultés. Ainsi, une société anonyme étrangère dépourvue d'autorisation en France est actionnée devant nos tribunaux ; elle a un tiers pour garant de ses obligations ou elle a des demandes reconventionnelles à former contre le Français qui l'actionne. Peut-elle les former ou appeler en garantie son garant, encore qu'elle ne puisse pas plaider en principe comme demande-resse ? Son droit n'est pas douteux pour nous, et nous ne nous mettons nullement ainsi en contra-diction avec nous-même. La demande reconven-tionnelle n'est en réalité qu'une espèce particu-lière de défense à l'action principale et l'action en garantie une conséquence pour ainsi dire néces-saire de la demande formée contre le garanti. Or, il est équitable que celui qui peut être valablement actionné devant un tribunal ait la capacité de faire tous les actes qui doivent servir à sa défense ou qui découlent comme une conséquence nécessaire de la demande intentée contre lui.

65. On peut pourtant se demander s'il n'y a pas des sociétés étrangères *non autorisées* qui sont ca-pables, sinon d'opérer en France, du moins d'y agir en justice même comme demanderesses. La France a conclu avec différentes nations étrangères des traités en vertu desquels leurs nationaux sont

refusé à des sociétés anonymes étrangères non autorisées le droit de plaider même comme défenderesses.

admis à plaider en France comme des Français. Doit-on conclure de ces traités qu'en l'absence même de décret formel d'autorisation, les sociétés des pays avec lesquels ils ont été conclus peuvent plaider en France en toute qualité? Ces traités nous paraissent avoir été faits exclusivement en vue des citoyens étrangers ; ils sont muets sur les sociétés anonymes et n'indiquent pas qu'il leur suffit d'avoir été autorisées dans leur pays, pour avoir le droit d'agir en France [1]. Il faut donc, même en ce cas, refuser aux sociétés anonymes étrangères non autorisées en France le droit d'intenter des actions devant nos tribunaux.

66. Du moment qu'on reconnaît l'existence en France comme sociétés de fait des sociétés anonymes étrangères non autorisées par décret, et qu'on permet à des Français de les actionner en France pour l'exécution de leurs obligations, on se trouve nécessairement en présence des deux questions suivantes :

---

[1] Cette question s'est présentée en 1860 pour les sociétés suisses, et elle a été tranchée en ce sens par la cour de cassation (Ch. des req., rej., 1er août 1860 ; Sir., 1860, part. 1re, p. 865). Il faut remarquer que cette difficulté ne peut plus s'élever pour les sociétés anonymes suisses ; car un décret du 11 mai 1861 les a expressément autorisées à exercer leurs droits en France. — Le traité avec la Suisse, qui a donné lieu à cette question, est celui du 18 juillet 1828. Il a été renouvelé et modifié par un traité conclu le 15 juin 1869.

1° Doit-on considérer ces sociétés de fait comme des êtres moraux et les actionner dans la personne de leurs administrateurs ? Ne faut-il pas au contraire, par cela même qu'elles valent seulement comme sociétés de fait, leur dénier le caractère de personnes morales et obliger les tiers à mettre en cause personnellement tous les actionnaires ?

2° Doit-on tenir compte de la forme adoptée par les statuts sociaux pour limiter au montant de leurs apports les obligations des actionnaires envers les tiers, ou ne faut-il pas, à raison même de l'inexistence *légale* de la société anonyme, déclarer que tous les actionnaires sont obligés personnellement et solidairement comme le sont chez nous, et en général dans les pays étrangers, les associés en nom collectif[1] ?

Si l'on ne va pas jusqu'à donner cette solution pour tous les actionnaires, ne faut-il pas, tout au moins, admettre que les administrateurs qui ont agi au nom de la société sont obligés de cette manière ?

Une même idée générale doit servir, selon nous, à résoudre ces deux questions qui se lient intimement l'une à l'autre. Le Français qui actionne une société étrangère non autorisée en France s'appuie

---

[1] Ainsi en Allemagne, d'après l'art. 112 du code général de commerce, les associés dans les sociétés appelées *offene Gesellschaften* sont tenus solidairement (voy. aussi art. 114, code de commerce italien de 1865).

sur l'acte de société pour en constater l'existence
de fait. Il serait tout à fait illogique que ce même
Français pût faire abstraction de cet acte de société pour empêcher de se produire certains effets
résultant de la nature même de la société que cet
acte a eu pour but de constituer. A un autre point
de vue, il serait inique que la société elle-même
pût, à raison de la négligence qu'elle a commise,
soutenir contre le Français demandeur que, comme
elle n'a pas d'existence légale en France, il y. a
lieu de faire abstraction de ses statuts.

Il faut donc décider :

1° Que les administrateurs doivent être seuls actionnés, comme si la société anonyme avait été dûment autorisée. Si l'on obligeait le Français créancier de la société à mettre en cause tous les actionnaires, on entraverait l'exercice de son action ;
on le rendrait même impossible dans le cas où
parmi les actions il y aurait des actions au porteur, •
puisqu'alors les noms des actionnaires n'étant
pas portés sur les registres de la société sont
inconnus.

2° Enfin les administrateurs ayant traité comme
représentants de la société anonyme ne sont pas
tenus personnellement et solidairement et, quant
aux actionnaires, ils ne sont tenus que jusqu'à concurrence de leur mise.

Cette dernière question est tout à fait analogue,
du reste, à celle qui peut se présenter pour les so-

ciétés anonymes et en commandite françaises. Quand ces sociétés n'ont pas reçu de publicité légale, elles sont nulles. Mais on reconnaît pourtant que jusqu'au jour où la nullité en a été prononcée, elles doivent être traitées comme des sociétés de fait. On se demande alors si les actionnaires ou les commanditaires doivent être tenus personnellement et solidairement comme s'ils étaient associés en nom collectif. Les motifs que nous avons donnés ci-dessus conduisent nécessairement à reconnaître que les commanditaires et les actionnaires ne sont tenus, conformément à l'acte de société, que jusqu'à concurrence de leurs mises (voy. en ce sens Ch. des req., rej., arr. du 28 février 1859; Sir., 1860, part. 1re, p. 157; — Bravard-Veyrières et Demangeat, t. Ier, pp. 226 et 392; — en sens contraire, Delangle, *Sociétés commerciales*, t. II, n°s 478 et 568; Bédarrides, t. II, n° 394). — Il faut toutefois remarquer que le code général de commerce allemand (article 211, 2me alinéa) consacre une solution contraire à la nôtre. Ce code décide que si une société anonyme fonctionne sans autorisation du gouvernement, les administrateurs qui ont agi sont tenus seuls personnellement et solidairement (*die Handelnden haften persoenlich und solidarisch*).

67. Toutes les solutions que nous avons données sur la condition en France des sociétés étrangères non autorisées sont exclusivement relatives aux so-

ciétés dont parle la loi du 3o mai 1857, c'est-à-dire aux sociétés anonymes et aux sociétés qui, quoiqu'étant d'une autre nature, n'existent pas dans leur pays sans autorisation.

Quant aux autres sociétés (notamment aux sociétés en nom collectif), nous avons admis que leur droit d'agir en France est indépendant de toute autorisation (voy. n°ˢ 6 et 26). Il n'y a donc pas, quant à elles, à faire de distinction entre les sociétés autorisées et non autorisées.

II.

De la condition légale des sociétés étrangères en France au point de vue soit de l'émission de leurs titres en France, soit de la négociation de ces titres dans les Bourses françaises et des impôts auxquels ils sont soumis.

68. A quelles conditions les obligations et actions des sociétés étrangères peuvent être émises en France.

69 Les sociétés étrangères autorisées à agir en France, peuvent ne pas l'être à négocier leurs titres en France, et à l'inverse.

70. But des dispositions législatives relatives à la négociation des valeurs étrangères.

71, 72. Historique de la négociation des valeurs étrangères dans les Bourses françaises.

73, 74. Décret du 28 mai 1858 Conditions auxquelles sont soumises les sociétés étrangères pour qu'elles puissent négocier en France leurs actions et leurs obligations.

75. Insuffisance de ces conditions Nécessité de soumettre les valeurs étrangères aux mêmes impôts que les valeurs françaises.

76. Soumission de ces valeurs au timbre et au droit de mutation (loi du 23 juin 1857, art 9).

77. Difficultés spéciales que présente l'établissement d'impôts sur les valeurs étrangères au point de vue législatif.

78, 79. Comment le législateur les a résolues. Garantie pour le paiement des impôts donnée à l'Etat. Mode de fixation du nombre des titres sur lesquels ils seront perçus.

80. Droit de transmission sur les titres des sociétés étrangères. Différence entre ce droit et celui qui est perçu sur les valeurs françaises.

81. Droit de timbre. En quoi son mode de perception diffère du mode de perception du droit établi sur les titres français.

82. Cas dans lesquels les sociétés étrangères sont dispensées de payer un droit de timbre.

83, 84, 85, 86. Cas dans lesquels les titres de sociétés étrangères compris dans des successions ou dans des donations sont assujétis au droit de mutation.

87. Assimilation entre les valeurs françaises et étrangères au point de vue des droits de timbre et de transmission. Habitude des sociétés étrangères de faire rentrer ces impôts dans les frais généraux.

68. Pour connaître complétement la situation des sociétés étrangères en France, nous n'avons plus que deux points à examiner. Nous avons à

rechercher d'abord à quelles conditions l'émission des actions et obligations dés sociétés étrangères peut avoir lieu en France, et ensuite à quelles règles est soumise la négociation de ces titres dans les Bourses françaises.

68 *bis*. Le législateur s'est occupé de l'émission des emprunts des gouvernements étrangers en France. Ces emprunts ne peuvent être contractés directement en France, annoncés et publiés qu'avec l'autorisation du Ministre des Finances. Un décret du 22 mai 1858 a établi une règle analogue pour l'émission en France des titres des sociétés étrangères. D'après l'art. 6 de ce décret, l'annonce de l'émission en France de ces titres est défendue tant que le Ministre des Finances ne l'a pas autorisée (art. 6). Le gouvernement a un très-large pouvoir d'appréciation pour décider si cette autorisation doit être accordée. Toutefois, il est de son devoir de respecter dans la concession des autorisatious les règles d'ordre public ; l'émission ne doit être autorisée qu'autant qu'elle ne contrarie aucune règle de ce genre établie par la législation française.

Ainsi la loi fixe le minimum du montant des actions dans les sociétés en commandite par actions ou anonymes (art. 1er, loi du 24 juillet 1867). L'émission en France d'actions d'une société étrangère dont le taux serait inférieur à ce minimum devrait être prohibée. Le but de cette disposition, empruntée à la loi du 17 juillet 1856, doit nécessairement conduire à cette conséquence. On a dit qu'elle se proposait principalement de protéger les épargnes des classes pauvres contre les piéges tendus à leur crédulité. Avant la loi du 17 juillet 1856, on avait émis des actions de cinq francs et même d'un franc, et on accompagnait leur émission des promesses les plus extraordinaires pour séduire le public. Ces actions n'étaient que des espèces de billets de loterie. Les dispositions relatives au taux minimum des actions ont donc en quelque sorte le caractère de lois de police et doivent régir les sociétés étrangères comme les sociétés françaises (article 3 C. N.). Si l'émission avait lieu, ses auteurs seraient passibles des peines prononcées par l'article 13, 1er alinéa, de la loi du 24 juillet 1867[1].

Il faut toutefois observer que notre opinion n'est nullement suivie en pratique. On laisse émettre en France des titres dont la valeur est inférieure au taux fixé pour les actions des sociétés françaises. C'est là un état de choses peu rationnel. Dès l'instant qu'on admet qu'il est dangereux de laisser émettre des actions inférieures à 200 ou à 500 fr. (suivant les cas), nous n'apercevons pas comment la nationalité de la société qui émet les actions peut faire disparaître le danger. Il nous semble tout au contraire être plus grand quand il s'agit

---

[1] **Voy.** en ce sens Mathieu et Bourguignat, *Commentaire de la loi de 1867 sur les sociétés*, p 110, n° **128**.

de sociétés étrangères; car les capitalistes français n'ont pas des moyens aussi faciles de se renseigner sur elles que sur des sociétés dont le siége est en France.

Des motifs analogues devraient empêcher de laisser émettre en France des actions ou des obligations auxquelles des lots sont attachés. Mais encore sur ce point le gouvernement montre une tolérance regrettable.

69. Que les titres des sociétés étrangères aient été émis en France ou à l'étranger, il y a toujours à leur appliquer des règles particulières sur leur négociation dans les Bourses françaises. Les règles sur la négociation de ces valeurs en France ont aujourd'hui une importance pratique d'autant plus grande que leur nombre augmente de jour en jour. Nous verrons que parmi les titres des sociétés étrangères, il en est qui sont négociables en France et d'autres qui ne le sont pas. Mais il faut observer qu'il n'y a aucun lien entre la négociabilité des actions et obligations d'une société étrangère et son droit d'agir en France. Les titres d'une société autorisée à agir en France peuvent ne pas y être négociables et réciproquement. Car les conditions de la négociabilité sont tout à fait différentes de celles qu'édicte la loi du 30 mai 1857 pour que les sociétés étrangères puissent agir en France en qualité de commerçants.

En outre, les règles relatives à la négociation

en France des valeurs de sociétés étrangères s'appliquent à toutes les sociétés qui émettent des actions ou des obligations. Au contraire, nous avons fait remarquer que la loi du 30 mai 1857 ne concerne nullement les sociétés en commandite par actions qui peuvent s'établir dans leur pays sans autorisation.

70. Si notre législation ne contient qu'une disposition expresse sur l'émission en France des valeurs de sociétés étrangères, un grand nombre de décrets récents ont au contraire réglementé leur négociation dans les Bourses françaises.

Toutes les dispositions de nos lois relatives à la négociation dans nos Bourses des valeurs de sociétés étrangères, ont un double but. Elles se proposent :

1° D'empêcher la négociation en France des valeurs de sociétés étrangères sans consistance, qui pourraient être l'occasion de pertes pour les Français.

2° De ne pas détourner les capitaux français vers des placements en titres étrangers, au détriment de notre industrie nationale, en dispensant ces titres de charges qui pèsent sur les valeurs des sociétés françaises.

71. Il n'y a pas un très-grand nombre d'années que la négociation des valeurs étrangères peut avoir lieu en France. Sous l'ancienne monarchie,

un arrêt du conseil du 7 août 1785 défendait formellement aux agents de change de coter à la
Bourse de Paris d'autres effets que les effets royaux
et le cours des changes.

Cette défense était probablement fondée sur les
idées économiques qui avaient cours alors. Le système de la *balance du commerce* qui considérait la
sortie d'espèces de France comme un appauvrisse-
ment pour la nation, devait être peu favorable au
placement des capitaux français dans des opérations étrangères.

Cet arrêt du conseil est resté en vigueur jusqu'en
1823. Mais, dès le commencement du siècle, d'assez fréquentes négociations d'effets publics étrangers avaient lieu en France par l'intermédiaire des
banquiers. Sous le premier Empire et sous la Res-
tauration, par des arrêtés spéciaux, des Ministres
des Finances autorisèrent la négociation de certains
effets publics étrangers (rentes de Naples, de l'emprunt de Prusse, de Bade, etc.).

Enfin, une ordonnance du 12 novembre 1823 per-
mit de coter à la Bourse de Paris tous les emprunts
étrangers [1].

72. De longues années s'écoulèrent encore avant

---

[1] Il ne faut pas confondre cette autorisation générale de
négocier à la Bourse les emprunts étrangers avec l'autorisation
spéciale que le gouvernement peut donner à un Etat étranger
d'émettre un emprunt en France (voy. ci-dessus n° 68 *bis*).

qu'une autorisation analogue fût accordée pour les valeurs des sociétés étrangères. Leur négociation n'avait lieu que par l'intermédiaire de personnes ne revêtant aucun caractère public.

Cependant, vers 1854, ces valeurs furent en fait et par tolérance cotées à la Bourse. Cette tolérance s'était même considérablement étendue. Car la loi du budget de 1858 (loi du 23 juin 1857), après avoir soumis les valeurs mobilières françaises à un droit de transmission entre-vifs, déclarait (art. 9) que la négociation des valeurs étrangères ne serait possible en France qu'autant qu'elles se seraient soumises aux mêmes droits [1]. C'était bien là autoriser tout au moins implicitement la négociation des titres étrangers en France.

73. Le législateur ne pouvait pourtant pas se borner à accorder .cette autorisation d'une façon générale pour les titres de toutes les sociétés étrangères. En procédant ainsi, il aurait risqué d'attirer sur le marché français des valeurs de sociétés sans consistance, dont l'acquisition aurait pu causer la ruine d'un grand nombre de Français. Aussi le

---

[1] Art. 9. — *Loi de finances du 23-27 juin 1857.* — « Les « actions et obligations émises par les sociétés, compagnies ou « entreprises étrangères, sont soumises en France à des droits « équivalents à ceux qui sont établis par la présente loi et par « celle du 5 juin 1850 sur les valeurs françaises; elles ne « pourront être cotées et négociées en France qu'en se soumet- « tant à l'acquittement de ces droits. »

décret du 22 mai 1858[1] rendu en exécution de la loi de finances de 1857, autorise expressément la négociation, à la Bourse de Paris et dans les Bourses départementales, des *actions* émises par les compagnies de chemins de fer étrangers. Il les soumet d'abord à toutes les lois et règlements applicables à la négociation des valeurs françaises. Ainsi, notamment, elles ne peuvent être négociées que par l'intermédiaire des agents de change; et leur négociation est assujétie aux mêmes droits de courtage que celle des valeurs françaises.

Mais en outre la négociation des actions étrangères dans les Bourses françaises est soumise à des conditions spéciales.

1° Il faut que ces sociétés aient été dûment autorisées ou constituées conformément à la législation de leur pays.

2° Que leurs actions y soient cotées officiellement.

3° Que leur taux ne soit pas inférieur à 500 francs[2].

[1] Ce décret ne parle que des titres émis par les compagnies de chemins de fer étrangers. Néanmoins on l'applique aux titres émis par toutes les sociétés étrangères. Il est probable que le décret de 1858 n'a parlé que des titres de chemins de fer, parce que ce sont les plus nombreux.

[2] Ce décret se montre plus difficile que la loi du 24 juillet 1867 pour les sociétés françaises Car cette loi autorise l'émission d'actions inférieures à 500 francs (de 200 francs), lorsque le capital social n'excède pas deux cent mille francs (art. 1er).

4° Que les deux cinquièmes au moins en aient été versés [1].

5° Elles doivent, pour faire ces justifications, présenter au Ministre des Finances et à la chambre syndicale des agents de change différentes pièces mentionnées dans l'article 2 du décret de 1858.

74. Ce même décret subordonne aussi la négociation en France des *obligations* des sociétés étrangères à des conditions particulières. Il ne la permet qu'autant que le capital social, ou la partie du capital représentée par des actions, a été intégralement versé. Il faut en outre que leur négociation ait été autorisée par les Ministres des Finances et du Commerce (art. 5).

75. Ce n'était pas assez que d'avoir ainsi donné aux capitalistes français une sécurité complète. Il fallait encore éviter de favoriser les sociétés étrangères au détriment des nôtres, en ne soumettant pas leurs titres aux mêmes impôts que ceux de nos sociétés. Nos lois ont évité ce grave inconvénient en établissant sur les titres étrangers, comme sur les titres français, des droits de timbre et de transmission. Cette idée d'égalité qui a déterminé le législateur à ne pas laisser jouir d'une immunité fiscale complète les titres étrangers, suffit ample-

---

[1] Aujourd'hui les actions des sociétés françaises sont négociables après un simple versement du quart (art. 2, loi du 24 juillet 1867).

ment pour justifier le principe de nos lois en cette matière spéciale. Nous croyons donc tout à fait inexacte l'appréciation suivante d'un auteur [1] : « Les dispositions applicables aux valeurs « étrangères, dit-il, ont le véritable caractère de « lois de douane; interdiction faite aux valeurs « étrangères de jouir des avantages d'être négo- « ciées sur un marché français sans payer un droit « d'entrée ! » Comment peut-on qualifier de droits de douane des impôts qui pèsent même sur les valeurs françaises?

Les titres des sociétés françaises sont soumis à trois impôts différents : 1° droit de timbre; 2° droit de mutation sur les transmissions entre-vifs à titre onéreux ; 3° droit de mutation sur les transmissions entre-vifs à titre gratuit ou par succession. Les titres des sociétés étrangères sont, sauf certaines restrictions, soumis à des impôts de la même nature.

76. La loi du 5 juin 1850, en établissant un droit de timbre sur les titres des sociétés françaises, était muette sur les titres étrangers. Aussi ces valeurs continuaient à être régies par la loi du 13 brumaire an VII. D'après l'art. 13 de cette loi, tout acte fait ou passé en pays étranger, dont il devait être fait usage en France, et tout billet au porteur

---

[1] **Voy.** Albert Le Gay, *Droits de timbre et d'enregistrement sur les valeurs mobilières, Examen critique et application de la loi du 23 juin 1857*.

et effet négociable venant de l'étranger et qui devait être négocié en France, étaient soumis au timbre. Mais cette loi était incomplète ; elle ne résolvait aucune des difficultés pratiques que présente la perception d'un impôt sur des titres des sociétés étrangères. Aussi un grand nombre de ces titres circulaient librement en France sans avoir été timbrés.

La soumission des valeurs françaises à un droit de timbre par la loi de finances de 1850, donna l'idée de chercher à faciliter l'application de la loi du 13 brumaire an VII. Un décret du 14 mars 1851 décida que « les titres ou certificats d'actions émis « en pays étrangers par des sociétés ou compagnies « créées et gérées à l'étranger, et circulant en « France, pourraient, jusqu'au 1er juillet 1851, « être admis au timbre extraordinaire à Paris et « au visa pour timbre dans les départements, sans « amendes, nonobstant les preuves de contraven- « tions antérieures qu'ils pourraient présenter. »

Ce décret, en exemptant du paiement de l'amende les titres non timbrés qui avaient été négociés antérieurement en France, ne remédiait nullement pour l'avenir à l'insuffisance de la loi du 13 brumaire an VII. Aussi, en 1857, la loi de finances du 23 juin qui établissait un nouveau droit de mutation sur les transmissions entre-vifs à titre onéreux de valeurs mobilières, décidait (art. 9) que les titres des sociétés étrangères, pour être cotés et négociés dans les Bourses françaises, devraient se soumettre au paiement des droits de timbre établis par la loi de 1850 et à celui des droits de transmission auxquels sont assujéties les valeurs françaises du même genre.

77. Mais de graves difficultés s'élèvent quand il s'agit de l'établissement d'un impôt sur des titres étrangers, soit pour en assurer la perception, soit pour fixer exactement la quantité de titres sur lesquels ces impôts seront perçus. Tout d'abord, très-fréquemment les sociétés étrangères n'ont pas de biens en France, et elles peuvent ainsi échapper au paiement de l'impôt bien plus facilement que des sociétés françaises. D'un autre côté, la perception d'impôts sur des titres étrangers ne se justifie que par le fait de leur négociation en France. Rigoureusement donc, les seuls titres qui devraient payer des droits de timbre et de transmission, seraient ceux qui ont été négociés dans des Bourses françaises; mais il est bien difficile de connaître exactement le nombre des titres d'une société étrangère qui circulent en France.

78. La première de ces difficultés a été tranchée beaucoup plus promptement et beaucoup mieux que la seconde. Le décret du 17 juillet 1857 (art. 10) établit que les sociétés étrangères ne peuvent plus être admises à négocier leurs titres en France qu'après avoir fait agréer par le Ministre des Finances un représentant responsable.

79. La seconde difficulté avait été résolue par le même décret (art. 10, § 3) d'une façon très-peu satisfaisante. Les sociétés devaient remettre au Ministre des Finances une déclaration indiquant le nombre de leurs actions et obligations, destinée à servir de base à l'impôt; mais le Ministre fixait définitivement ce nombre. Ce mode de fixation des titres imposés était complétement arbitraire. Il suscita de nombreuses réclamations; car le Ministre des Finances avait fréquemment fait abstraction des déclarations qu'il avait reçues. Ainsi la Compagnie des Chemins de fer autrichiens avait proposé de prélever les impôts sur 50,000 actions et 8,000 obligations; et, en définitive, le Ministre des Finances avait décidé qu'ils seraient prélevés sur 100,000 actions et 16,000 obligations.

Un décret du 11 janvier 1862 [1] fixa d'une manière plus équitable l'assiette des impôts. Il distinguait entre les sociétés dont les titres circulaient simultanément dans les places de commerce de l'étranger et dans les Bourses françaises, et les sociétés dont il est notoire que les titres circulent particulièrement en France. Pour les premières, l'impôt n'était perçu que sur la moitié du capital représenté par leurs actions et obligations; dans les secondes, le montant total de leurs actions et obligations y était soumis.

[1] Collection des lois annotées de Sirey, 1862, p. 2.

Cette nouvelle manière d'asseoir les droits de timbre et de transmission n'était pas non plus satisfaisante. En 1864, la commission du budget attira l'attention du gouvernement sur ce que le système du décret de 1862 avait, selon elle, de trop favorable pour les sociétés anonymes étrangères. « Le nombre des titres admis à la négociation en « France s'élève, disait le rapporteur, à 4,043,066 « actions et 4,802,303 obligations représentant un « capital de plus de 4 milliards. Il convient de « faire remarquer que la plupart de ces valeurs « n'ont d'autres marchés que les Bourses de Paris « et des départements, et qu'il serait par consé- « quent juste, pour placer les sociétés françaises et « étrangères dans des conditions d'égalité com- « plète, d'étendre les droits de timbre ou de trans- « mission à la totalité des titres. »

C'est en conformité de ces observations du Corps législatif que fut rendu le décret du 11 décembre 1864. Ce décret actuellement en vigueur fait une distinction entre les actions et les obligations des sociétés étrangères. Il décide que pour les actions le droit de transmission est perçu sur la moitié du capital représenté par elles et sur la totalité des obligations. Quelle est la raison de cette distinction ? C'est ce qu'il est impossible de déterminer. Elle nous semble être tout à fait arbitraire.

80. Nous connaissons l'assiette des droits de timbre et de transmission sur les titres des sociétés

étrangères ; nous devons maintenant en examiner
la quotité et le mode de perception.

Quand il s'agit du droit de transmission à imposer aux titres des sociétés françaises, la loi de 1857
fait une distinction fondamentale entre les titres
au porteur et les titres nominatifs. Pour ces derniers,
le droit consiste dans une somme de 20 centimes
pour 100 francs perçus, au moment de la transmission, sur le montant des actions ou obligations au
cours moyen de l'année précédente. Ce mode de perception ne pouvait pas être appliqué aux titres au
porteur. Car, comme ils se transmettent de la main
à la main sans aucune mention de transfert sur les
registres de la société, le Trésor ne peut pas avoir
connaissance de toutes leurs transmissions en se faisant communiquer ces registres. Aussi, pour les titres
au porteur, le droit de transmission se perçoit au
moyen d'un paiement de 12 centimes pour 100 francs
du capital prélevés sur les arrérages ou les intérêts
annuels. Au contraire, pour les titres des sociétés
étrangères, aucune distinction n'est faite entre les
titres nominatifs et les titres au porteur. Comme le
Trésor français est dans l'impossibilité de se faire
donner communication des registres de la société
pour constater les transmissions de titres nominatifs, tous les titres sont, au point de vue du droit
de transmission, traités comme titres au porteur.
Les titres de sociétés étrangères ne paient donc jamais un droit de 20 centimes pour 100 francs lors

de leur transmission; ils sont seulement assujétis à une déduction de 12 centimes pour 100 francs sur le montant de leurs intérêts et dividende annuels.

Pour fixer le montant de l'impôt de transmission qui se calcule sur la valeur des actions ou obligations, on considère leur cours moyen durant l'année précédente. Dans ce but, on fait exactement la même opération que pour les titres français.

81. Le mode de perception de l'impôt du timbre sur les titres des sociétés étrangères diffère aussi un peu de celui qui est adopté pour les titres français.

Quand il s'agit de titres français, on fait une distinction entre les actions et les obligations. Les actions sont assujéties au timbre proportionnel de 50 centimes pour 100 francs du capital pour les sociétés dont la durée n'excède pas dix ans, et de 1 pour 100 francs pour celles dont la durée dépasse dix années (art. 14 et suiv., loi du 5 juin 1850). Quant aux obligations, le droit de timbre établi sur elles est toujours de 1 pour cent (art. 27, même loi).

Mais, comme il était à craindre qu'en exigeant le paiement immédiat de ce droit de timbre lors de constitution de la société, on diminuât le premier capital versé et on fît éprouver à la société des pertes dès le début, la loi du 5 juin 1850 (art. 22 et 31) permet aux sociétés de s'affranchir du paiement immédiat du timbre en contractant avec l'E-tat un abonnement pour toute la durée de la société. Cet abonnement, qui est perçu annuellement sur le montant des titres émis, est de 5 centimes par 100 francs sur le capital nominal.

Les sociétés étrangères n'ont pas, comme les sociétés françaises, le droit d'opter entre le paiement immédiat du droit de timbre et un abonnement. Ces sociétés sont obligées de prendre ce dernier parti ; elles paient une taxe annuelle de 5 centimes pour 100 francs sur le capital nominal de leurs titres. Il n'y a pas de distinction à faire dans les sociétés étrangères entre les obligations et les actions, et sur ces dernières le droit de timbre est toujours le même, quelle que soit la durée de la société.

82. Un décret du 28 mars 1868 est encore venu compléter l'assimilation entre les sociétés françaises et les sociétés étrangères, en étendant aux secondes une dispense d'impôt qui n'avait été primitivement édictée que pour les premières. La loi du 5 juin 1850 (art. 24) dispense de l'impôt du timbre les sociétés françaises abonnées qui, depuis leur abonnement, se sont mises en liquidation ou qui n'ont, dans les deux dernières années, payé ni dividendes, ni intérêts. Les sociétés étrangères sont admises, par le décret du 11 janvier 1868, à jouir du même bénéfice [1], quand elles justifient que, pendant les deux dernières années, elles n'ont pu payer ni dividendes, ni intérêts.

[1] Sirey, Lois annotées, 1868, p. 276.

83. Avant la loi du 18 mai 1850, les actions et obligations des sociétés étrangères, quand elles étaient comprises dans une succession ou dans une donation, échappaient à tout droit de mutation. Cette exemption d'impôt se déduisait des principes généraux de notre législation fiscale. Il est en effet de règle que le droit de mutation n'atteint que les biens situés sur le territoire français ; et on ne peut considérer comme telles les actions ou obligations de sociétés ayant leur siége à l'étranger. La loi de finances de 1850 a fait cesser cette immunité en certains cas.

84. Suivant son article 7, il n'y a lieu à la perception d'un droit de mutation qu'autant que la succession dans laquelle se trouvent les titres étrangers est régie par la loi française.

Une succession mobilière est régie par nos lois en plusieurs hypothèses. Elle l'est d'abord lorsque le défunt était un Français. L'est-elle aussi quand il était étranger ? Sur ce point la jurisprudence consacre une opinion empruntée à notre ancien droit qui est généralement adoptée : les successions mobilières sont régies par la loi du lieu où le défunt avait son dernier domicile [1]. Si donc le défunt était un étranger non domicilié en France, l'impôt de mu-

---

[1] Aubry et Rau, t. Ier, 4e édition, p. 102, § 31, note 52. — Demolombe, *Cours de Code Napoléon*, t. Ier, pp. 94 et 443. — Arr. de la Ch. civ., rej., 22 mars 1865; Sir., 1865, 1,175.

tation ne doit pas être perçu sur les valeurs étrangères qui dépendent de sa succession. Elles y seraient, au contraire, certainement assujéties, si l'étranger défunt avait été autorisé par décret à établir en France son domicile en vertu de l'article 13 du code Napoléon.

En dehors du cas où un étranger acquiert en France un domicile en vertu d'une autorisation du gouvernement, on peut se demander s'il est possible que cet étranger ait en France un domicile et si, en tous les cas, l'établissement en France du domicile d'un étranger suffit pour que les valeurs étrangères comprises dans sa succession soient soumises au droit de mutation ?

En admettant que l'étranger puisse acquérir en France un domicile sans avoir été autorisé par décret à s'établir en France (art. 13 C. N.), nous croyons que les titres de sociétés étrangères compris dans sa succession sont assujétis à l'impôt de mutation. Car l'existence d'un domicile de l'étranger en France, qu'elle soit due ou non à une autorisation du gouvernement, n'en a pas moins toujours pour conséquence de soumettre à la loi française sa succession mobilière. Or, dès que cette succession est régie par nos lois, il est conforme au texte

C'est en ce sens que nos anciens jurisconsultes disaient : *Le meuble suit le corps* (Instit. coutum. de Loysel, n° 221. Edit. Dupin et Laboulaye).

de la loi de 1850 de ne pas la laisser échapper au droit de mutation [1].

85. Quand des actions ou des obligations étrangères sont comprises, non plus dans une succession, mais dans des donations entre-vifs, il n'y a lieu au droit de mutation qu'autant que le donataire est un Français.

86. Dans les cas de transmission par succession ou par donation entre-vifs de valeurs étrangères, le capital qui doit servir à la liquidation du droit de mutation se détermine de deux manières différentes, selon qu'il s'agit de titres cotés ou non cotés dans les Bourses françaises.

Si les titres sont cotés dans nos Bourses, le capital se détermine par le cours moyen de la Bourse au jour de la transmission. Dans le cas contraire, il est fixé par la déclaration estimative des parties, sauf la faculté pour l'administration de faire procéder à une expertise, si l'estimation est jugée insuffisante (art. 7, loi du 18 mai 1850 ; art. 14 8° et art. 39, loi du 22 frimaire an VII) [2].

87. Il résulte de toutes les dispositions que nous

C'est là une question encore discutée. Voy. sur ce point Demol., *Cours de Code Napoléon*, t. 1er, n° 268 *bis*.

Toutes les dispositions fiscales que nous avons examinées sont exclusivement relatives aux valeurs des sociétés étrangères. Des règles différentes s'appliquent aux impôts à percevoir sur les titres d'emprunts d'Etats étrangers. Ces titres ne sont pas

venons d'examiner relativement aux droits de timbre et de mutation entre-vifs perçus sur les titres de sociétés étrangères qu'à ce point de vue il y a assimilation presque complète entre ces sociétés et les sociétés françaises. Néanmoins les actionnaires et porteurs d'obligations de sociétés étrangères sont placés dans une situation meilleure que les porteurs de titres français. Car ces derniers supportent ces deux impôts. Au contraire, ils ne sont pas exclusivement à leur charge dans les sociétés étrangères. Ces sociétés font entrer dans les frais généraux le montant des impôts perçus pour les titres négociés en France. Par suite, les possesseurs de valeurs négociées à l'étranger sont tenus de supporter pour une part proportionnelle au nombre de leurs titres les impôts dus pour les titres négociés en France.

C'est cette habitude, jointe aux avantages souvent considérables attachés aux valeurs étrangères, qui contribue surtout à faciliter leur placement en France.

---

soumis au droit de transmission entre-vifs ; ils ne sont frappés que d'un droit de timbre, et encore seulement depuis la loi du 13 mai 1863. Voyez, sur les droits perçus sur ces valeurs, Buchère, *Traité des Valeurs mobilières,* n°s 1062 et suiv.

CHAPITRE III.

CONCLUSION. — VICES DE LA LÉGISLATION ACTUELLE
SUR LES SOCIÉTÉS ÉTRANGÈRES. — RÉFORMES A Y
APPORTER.

88. Nous avons parcouru toutes les règles qui régissent les sociétés étrangères en France, et nous pouvons par conséquent résoudre en connaissance de cause les questions législatives que nous avions posées seulement, en commençant cette étude (voy. n°s 3 et 4) : Le système consacré par notre législation sur la situation des sociétés étrangères ne laisse-t-il rien à désirer ? Quelles réformes serait-il nécessaire d'y apporter ?

Le législateur, comme nous l'avons dit précédemment, en réglementant cette matière, avait à éviter deux écueils opposés. Il ne devait pas d'abord soumettre à des conditions trop rigoureuses le droit pour les sociétés étrangères de faire des opérations en France et d'y plaider. Car il aurait mis obstacle aux relations commerciales de ces sociétés avec la France et aurait exposé à des représailles les sociétés françaises, dont quelques-unes ne peuvent vivre que

par le commerce extérieur. Mais, à l'inverse, le législateur ne devait pas non plus, en se montrant trop
libéral à leur égard, leur accorder une liberté dont,
même depuis la loi du 24 juillet 1867, les sociétés
françaises ne jouissent pas encore. Ç'aurait été placer nos sociétés dans une position d'infériorité vis-
à-vis des sociétés étrangères et les condamner pour
ainsi dire par avance à être vaincues dans la lutte
qu'elles ont à soutenir avec celles-ci.

Personne ne saurait raisonnablement reprocher
au législateur d'avoir échoué au premier écueil.
Assurément le droit, pour les sociétés étrangères,
d'agir en France comme des commerçants étrangers
ordinaires ne se trouve pas soumis à des conditions
trop restrictives. Le gouvernement, sans être re-
tenu par aucune limite précise, peut autoriser en
masse les sociétés d'un pays à agir en France, dès
l'instant qu'il constate que la législation du pays
et la pratique du gouvernement étranger dans la
concession des autorisations garantissent suffisamment que les sociétés de ce pays sont constituées
sérieusement.

La négociation des valeurs des sociétés étrangères
dans les Bourses françaises est soumise sans doute
à des exigences plus étroites. Mais elles se justifient très-bien. Elles ont pour but d'éviter que de
petits capitalistes se laissent entraîner, par l'appât
de bénéfices excessifs, à engloutir leurs épargnes
dans des spéculations de sociétés sans consistance.

Les règles sur l'émission en France des titres des sociétés étrangères sont aussi en elles-mêmes très-rationnelles. De ce que le législateur reconnaissait que l'émission de titres français ne réunissant pas des conditions déterminées doit être prohibée comme offrant des dangers pour le public, il a dû permettre au gouvernement de s'opposer à l'émission des titres étrangers qui ne satisferaient pas à ces conditions. Mais nous devons constater, comme nous l'avons déjà dit (n° 68 *bis*), que le gouvernement se montre d'une tolérance exagérée en cette matière.

89. Au contraire, le législateur n'a pas su échapper au second écueil. La législation sur les sociétés étrangères nous paraît défectueuse en ce qu'elle laisse jouir ces sociétés d'une liberté excessive et peu équitable par rapport aux sociétés françaises. Pour le prouver, il nous suffira de rappeler des faits que nous avons eu à constater en étudiant la législation actuelle.

Les commandites françaises par actions sont obligées de se soumettre, en vertu de la loi du 24 juillet 1867, à des conditions multiples pour être valablement constituées. Quant aux commandites étrangères par actions, leur situation est incomparablement meilleure. Lorsqu'elles appartiennent à des pays où elles peuvent s'établir sans autorisation, elles sont capables d'opérer et d'agir en France sans aucune condition, quelque libérales que les lois de leur pays puissent être pour elles, alors même que, comme chez nous avant la loi du 17 juillet 1856, elles pourraient se constituer en toute liberté, à la charge seulement de ne point violer les principes généraux sur les sociétés (il en est ainsi notamment en Belgique).

Quant aux sociétés anonymes et aux sociétés en commandite par actions qui sont soumises à l'autorisation dans leur pays et qui doivent être par suite autorisées par le gouvernement français, on peut faire pour elles une critique analogue. Des décrets ont autorisé à agir en France des sociétés de pays dont la législation commerciale est beaucoup plus libérale que la nôtre.

Ainsi chez nous la société anonyme ne peut se constituer qu'après la souscription intégrale du capital social et le versement du quart de chaque action (art. 1er, loi du 24 juillet 1867). Dans les sociétés anonymes italiennes qui sont autorisées à agir en France (décret du 8 septembre 1860), la souscription des quatre cinquièmes et le versement du dixième sont suffisants en principe (art. 135 C. de Com. italien de 1865).

Les sociétés anonymes hollandaises sont autorisées à agir en France (décr. du 22 juil. 1863), et cependant, d'après le code de commerce rédigé en 1838, le gouvernement hollandais *doit* accorder son autorisation par cela seul que la société n'est pas contraire à l'ordre public, ni aux bonnes mœurs, et que les fondateurs possèdent des actions pour une somme représentant au moins le vingtième du capital social. Le versement du dixième du capital suffit pour que la société commence ses opérations.

90. Ce mal, qui consiste dans la concession du droit d'agir en France à des sociétés qui jouissent d'une liberté plus grande que les sociétés françaises, est de nature à produire, depuis la loi du 24 juillet 1867, des conséquences plus funestes qu'antérieurement. Avant cette loi, le conseil d'Etat chargé d'examiner les statuts présentés à l'approbation du gouvernement par les sociétés anonymes jouissait d'une latitude très-grande. Il pouvait très-bien, à mesure qu'on autorisait à agir en France des sociétés étrangères, laisser introduire dans les statuts des sociétés françaises des clauses dont les lois des pays de ces sociétés admettaient la validité. Aujourd'hui la loi du 24 juillet 1867 s'impose comme une règle uniforme et invariable à toutes les sociétés anonymes ; le gouvernement ne peut plus tenir aucun compte de ce qu'il autorise à agir en France des sociétés étrangères vivant sous une réglementation moins étroite que celle qui régit nos sociétés, pour laisser, dans un but d'équité, nos sociétés elles-mêmes jouir d'une liberté plus grande.

Cet état de choses n'a pas seulement pour résultat de placer les sociétés françaises dans une véritable situation d'infériorité. Il tend encore à rendre

illusoires toutes les restrictions que le législateur
de 1867 a cru utile d'imposer à l'établissement des
sociétés anonymes ou en commandite par actions.
Car la société qui veut s'y soustraire n'a qu'à aller
se fonder dans un pays étranger où elles n'existent
pas et dont les sociétés sont cependant autorisées à
agir en France. C'est ainsi qu'on voit des sociétés
ayant pour but de faire des opérations en France
se constituer à l'étranger pour pouvoir émettre im-
médiatement, avant le versement du capital, des
titres au porteur, et pour pouvoir fonctionner avant
que ce capital ait été intégralement souscrit.

91. On pourrait être tenté de croire que le mal
dont il s'agit n'a pas sa véritable cause dans les
dispositions mêmes de nos lois sur les sociétés
étrangères, mais qu'il provient plutôt de l'usage
fait par le gouvernement de son droit d'autoriser
les sociétés étrangères à agir en France. On pourrait penser en un mot que le gouvernement a fait
un mauvais usage des pouvoirs que lui accorde la
loi du 30 mai 1857, qu'il a eu le tort d'autoriser à
agir en France des sociétés de pays étrangers plus
libéralement traitées par leurs lois que les sociétés
françaises.

Mais ce serait là un reproche immérité fait à
l'administration. Pour trouver la source du mal,
il faut remonter plus haut. La faveur qu'obtiennent
les sociétés étrangères au détriment des sociétés
françaises est une conséquence presque nécessaire

de l'état de notre législation sur les sociétés françaises elles-mêmes. Ce n'est pas le résultat d'une trop grande facilité du gouvernement dans la concession des autorisations accordées aux sociétés étrangères. Du moment où les sociétés françaises en commandite par actions et anonymes doivent se soumettre chez nous à des conditions réglementaires quant à la souscription du capital, à son versement, à l'évaluation des apports en nature, à l'émission des actions au porteur, etc., etc., il faudrait rigoureusement, pour maintenir une égalité parfaite entre les sociétés françaises et étrangères, n'autoriser ces dernières à agir en France qu'autant qu'elles se seraient soumises à toutes les conditions imposées à nos sociétés par la loi du 24 juillet 1867. Mais un pareil système est *pratiquement* inadmissible. Il aboutirait à exiger que les sociétés qui veulent agir en France se soient soumises à la fois à la loi de leur pays (ce qui est requis pour leur validité) et à la loi française. (Voy. ci-dessus n°ˢ 46 et 47.)

Ainsi, tant que les sociétés françaises ne jouiront pas d'une liberté entière, elles auront à lutter contre la concurrence des sociétés étrangères placées par la loi dans une situation meilleure que la leur. Car il est impossible d'obliger les sociétés étrangères à se soumettre à toutes les conditions édictées par la loi pour nos sociétés.

Le seul moyen de faire disparaître cette inégalité serait de supprimer la réglementation imposée aux

sociétés françaises. Il n'y aurait plus dès lors aucun danger d'accorder en France aux sociétés
étrangères elles-mêmes une liberté complète. L'intérêt bien entendu des sociétés françaises se trouve
donc en réalité, au point de vue de la concurrence
contre les sociétés étrangères, dans un système de
liberté qui, ici comme en presque toutes matières,
constitue la meilleure garantie des droits.

Cette inégalité des sociétés françaises et des sociétés étrangères, qui résulte des restrictions apportées à la constitution et au fonctionnement des
premières, est un argument nouveau à ajouter à
tous ceux qui ont été produits en faveur de la liberté des sociétés [1].

Du reste, ce système, à s'attacher aux déclarations récentes du gouvernement, devrait être
adopté dans un avenir assez rapproché. Dans une
discussion importante [2], il faisait au Corps législatif, par la bouche de son orateur le plus autorisé,
les déclarations suivantes : « Les gouvernements
« ne sont pas faits pour surveiller les intérêts pri-
« vés ; les intérêts privés doivent se surveiller eux-
« mêmes et doivent chercher leur règle dans les

[1] Voy. séance du Corps législatif du 27 mai 1867. Discussion de la loi du 24 juillet 1867. Discours de M. Jules Simon.
Amendement et discours de M. Emile Ollivier, *Moniteur uni-
versel* du 28 mai 1867.

[2] Séance du 26 février 1869, *Journal officiel* du 27 février
1869.

« autorités judiciaires et non pas dans l'ingérence
« du gouvernement.

« Il y a quelques années, le gouvernement vous
« a proposé de supprimer l'autorisation préalable
« à l'égard des sociétés anonymes ; vous l'avez
« suivi dans cette voie libérale, et vous avez
« adopté la loi qui supprime l'autorisation. Il reste
« au gouvernement une autre chose à faire, c'est
« de proposer la modification de tous les statuts
« qui provoquent son ingérence et appellent sa
« surveillance et son examen, car c'est une sur-
« veillance impossible et qui entraîne des respon-
« sabilités qu'un gouvernement sérieux ne doit pas
« accepter. »

Ces déclarations n'étaient sans doute faites spécialement que pour faire prévoir la suppression des
statuts des sociétés qui les obligent à obtenir l'autorisation du gouvernement, lorsqu'elles veulent
émettre en France un emprunt étranger. Mais en
définitive les motifs qu'elles contiennent peuvent
être invoqués avec autant de raison pour justifier
la suppression de la nécessité de l'autorisation pour
les sociétés étrangères. Seulement la conséquence
logique et nécessaire de cette réforme serait la dis-
parition complète de la réglementation des sociétés
françaises anonymes et en commandite par actions.

92. Les partisans de la liberté absolue pour les
sociétés commerciales françaises reconnaissent avec
raison que cette liberté doit être combinée avec

un système de publicité très-large, propre à mettre les tiers à même de connaître les statuts sociaux. Car plus la liberté des conventions est grande et plus les tiers peuvent ignorer celles que contiennent les actes de société[1].

Il va de soi que, pour les sociétés étrangères comme pour les sociétés françaises, la liberté absolue devrait être tempérée par l'obligation pour ces sociétés de publier en France leurs statuts. La dispense de publicité en France nous a paru être conforme aux principes du droit actuel (voy. n° 45). Mais cette dispense de publicité a, au point de vue pratique, d'immenses inconvénients. La publication des statuts dans le pays étranger est évidemment tout à fait insuffisante pour les

---

[1] C'est ce que déclarait formellement M. Jules Simon dans la discussion de la loi du 24 juillet 1867 : « Nous, partisans de « la liberté, nous ne voulons la liberté qu'à la condition d'une « publicité extrême. » Cette même idée était développée par M. Emile Ollivier à l'appui de son amendement sur la liberté des sociétés, quand il disait : « A la liberté que j'accorde, je « n'impose qu'une condition, la publicité loyale, complète. Sans « elle, toute liberté serait nuisible et frauduleuse. Les tiers doi- « vent avoir la possibilité de se rendre compte à tout moment de « l'état de la société, du régime qu'elle a institué, des garanties « qu'elle a stipulées, des chances qu'elle fait courir à ceux qui « traitent avec elle. Ainsi la liberté, c'est le droit ; la publicité, « c'est le devoir, ou autrement, la publicité, c'est le frein, le « remède, le correctif de la liberté. » (Séance du Corps législatif du 27 mai 1867.)

faire connaître aux Français qui entrent en relation avec ces sociétés.

L'accomplissement de ces formalités de publicité n'offrirait aucune difficulté pour les sociétés étrangères ayant leur succursale en France. Elles devraient être accomplies dans l'arrondissement où cette succursale est établie.

La publication des statuts des sociétés étrangères serait aussi bien à désirer pour celles d'entre elles qui font des opérations en France par l'intermédiaire de représentants, sans cependant y avoir de succursales. Mais on ne pourrait établir cette publicité en conservant les règles actuelles sur la publication des statuts sociaux. Car aujourd'hui les formalités de publicité s'accomplissent dans les arrondissements soit du siége principal, soit des succursales de la société, et les sociétés étrangères dont il s'agit n'ont même pas de succursale sur notre territoire.

Pour remédier à cet inconvénient, il faudrait modifier nos règles de publicité et les rendre indépendantes du lieu où la société a, soit son établissement principal, soit des succursales. C'est ce qu'on avait proposé lors de la discussion de la dernière loi sur les sociétés. M. Jules Simon émettait le vœu de voir confier à une sorte de bulletin spécial et unique pour toute la France la publication des extraits d'actes de société[1]. Mais il serait toujours

[1] *Monit. univ* du 14 juin 1867, séance du Corps législ. du 13 juin.

impossible de prescrire la publication des statuts par leur dépôt aux greffes du tribunal civil et de la justice de paix. Ainsi la publicité serait plus restreinte pour ces sociétés que pour les sociétés françaises.

93. Nous avons ainsi terminé l'examen de la condition légale des sociétés étrangères en France. Nous n'avons nullement la prétention d'avoir épuisé une matière si importante encore inexplorée. Notre seule espérance est d'avoir attiré l'attention sur un sujet négligé jusqu'ici par les jurisconsultes et par le législateur.

Toutes ces difficultés, si délicates à trancher au point de vue soit purement légal, soit législatif, proviennent non-seulement de la réglementation de nos sociétés, mais aussi des différences si nombreuses qui existent encore entre les législations commerciales européennes. Le résultat de leur étude doit être de montrer l'énorme avantage qui résulterait de l'établissement d'une législation commerciale européenne uniforme. Les conflits entre nos lois et les lois étrangères disparaîtraient, comme ont disparu les conflits entre nos anciennes coutumes par l'unification de notre législation française. Et de cette façon l'égalité serait maintenue entre les sociétés étrangères et françaises, même dans le cas où, sans établir pour les sociétés une liberté absolue, on les soumettrait dans tous les pays aux mêmes conditions réglementaires.

Ce désir a été fréquemment émis et, si sa réalisation est encore éloignée, on peut ne pas désespérer de la voir se produire. Car les différences des lois commerciales ne tiennent pas, comme parfois celles des lois civiles, aux différences de mœurs ou de constitution physique des habitants. Il n'y a donc pas à leur unification les mêmes obstacles naturels qu'à celle des lois civiles.

FIN.

TABLE

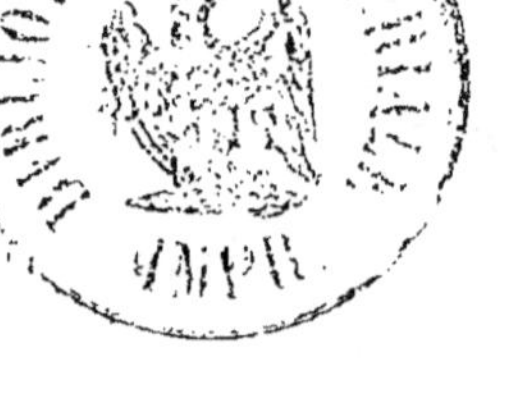

FIN DE LA TABLE.

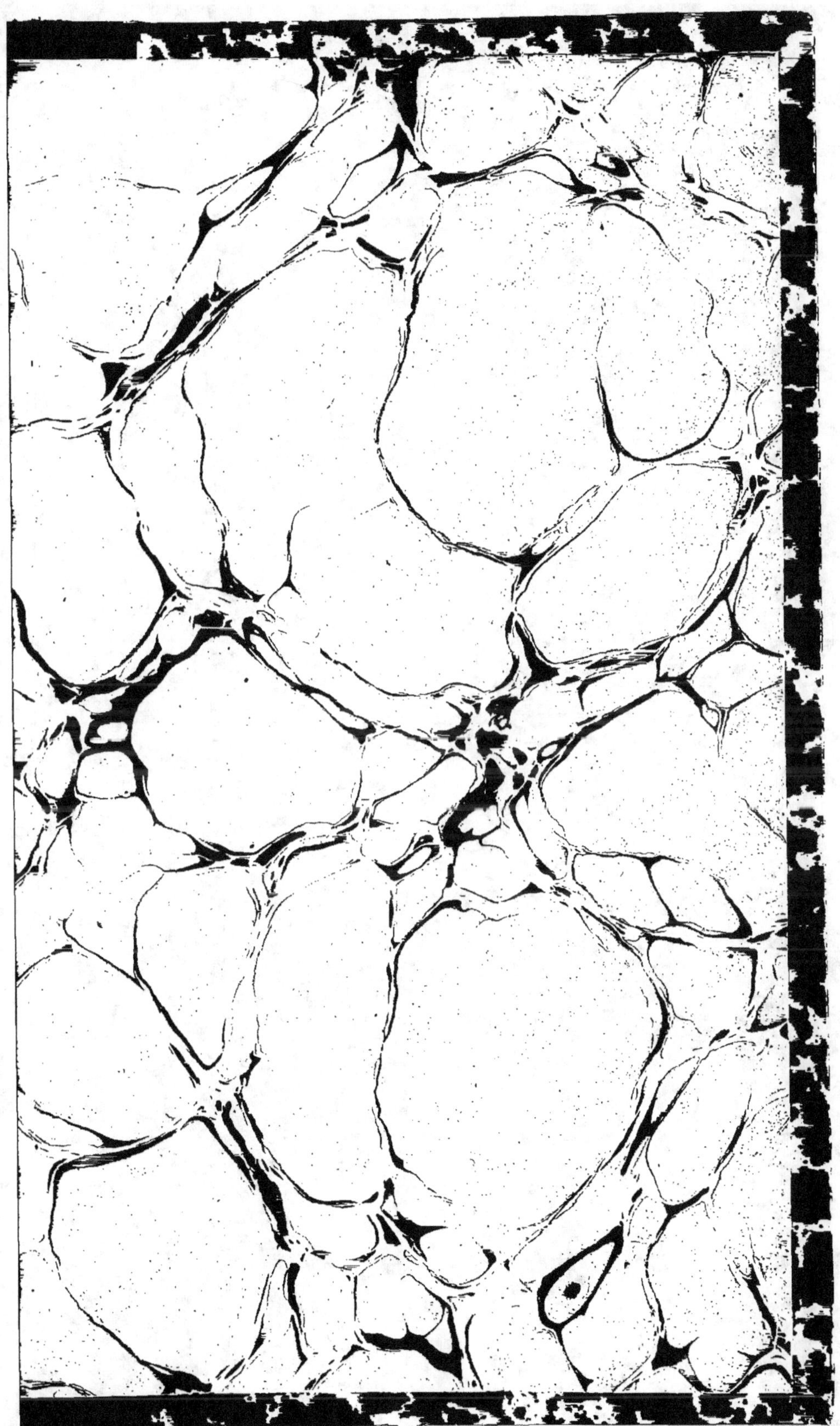